Horche, die Verse und Lieder,
sind wie das wogende Meer,
brausen hinan und hernieder,
rauschend, wuchtig und schwer.

Impressum

Redaktion:	*Bernd und Hein F. Kukuk*
Zeichnungen:	*Moritz Pathè, Tiermaler und Afrikaforscher*
Portrait:	*Ovenhausen, Fotowerbung Steinheim i/W*
Layout und Umschlaggestaltung:	*Hein F. Kukuk, Angelika Bachmann*
Skript:	*Gila Kukuk, Anne Stübler*
Druck:	*Simonowski Steinheim i/W*
Bindung:	*Großbuchbinderei Gehring Bielefeld*

CIP - Kurztitelaufnahme der Deutschen Bibliothek
Fritz Kukuk:: Tief aus dem Brunnen meiner Seele
Ausgewählte Gedichte, „plattduitske Vertellkes" und Aphorismen aus dem poetischen Vermächtnis eines begnadeten Westfalen - 1995
ISBN 3-00-000053-4

Heimatdichter
Fritz Kukuk
Himmighausen/Westfalen

** 09. Juni 1905 + 24. Dezember 1987*

Träger des Verdienstkreuzes am Bande des Verdienstordens der Bundesrepublik Deutschland

Träger des Kreuzes der Europäischen Friedensgemeinschaft und vieler anderer Auszeichnungen

Sein reiches dichterisches Schaffen ist ein bleibendes Andenken für seine Freunde und Verehrer in der Heimat und in der weiten Welt

Tief aus dem Brunnen seiner Seele

schöpfte der Heimatdichter aus Ostwestfalen ein Leben lang die Impulse für seine Poesie.

Fritz KUKUK

**** 09.06.1905 + 24.12.1987***

Ohne Rücksicht auf politische Zeitstimmungen oder literarische Moden fügte der gelernte Kaufmann, Bauer und Gastwirt Gedanken, Erfahrungen, Erlebnisse und Meinungen wie „unter einem Zwang“ zu jenen Versen, die uns noch heute Freude und Besinnlichkeit zu vermitteln vermögen.
Volkstümlich schlicht und ansprechend fließen die Zeilen seiner Gedichte und Erzählungen; immer wieder beeinflußt durch sein heimatliches Umfeld, die tiefe Bindung an die Natur und den Eigenwilligkeiten seiner Mitmenschen.
Mit 14 schreibt Fritz Kukuk seine ersten Verse. Vier Jahre später erscheint sein erstes Gedicht im Westfälischen Volksblatt.
Die „Gedichte eines kleinen Eggebauern“ - so nennt er bescheiden seinen ersten Gedichtsband.
Er erscheint 1934 unter dem Titel „Das Lied der Heimat“.

1956 veröffentlicht Fritz Kukuk seinen zweiten Band, genannt „In grüner Au“.
Der Inhalt ist reifer, tiefsinniger und noch mehr Lebensnähe ausstrahlend, eben geprägt durch die Höhen und Tiefen eines schicksalhaften Lebenslaufes.

Es folgen Veröffentlichungen in Presse, Rundfunk und in gebundener Form.

1956 In grüner Au
1961 Kinner van Duarpe
1963 Fernab der lauten Straßen
1970 Eine kleine Melodie
1974 Sturm üawer Land
1980 Und ewig singt die Seele
1980 Die Großen und Stillen im Lande
1984 Hagebutten
1984 Reifende Herzen
1984 Heckenrosen
1985 Christrosen
1986 Immergrün
1987 Wenn die Heimat ruft
1987 Abendtraum
1988 An späten Tagen (nicht veröffentlicht)

Eine vergnügt-erheiternde Referenz widmet der dichtende Westfale der plattdeutschen Sprache in seinen kurzweiligen Büchern „Kinner van Duarpe“ und „Sturm üawer Land“.
Fritz Kukuk zeigt in dieser fast vergessenen, alten heimatlichen Mundart einmal mehr meisterlich-poetisches Formuliervermögen in Vers und Prosa.
In insgesamt 15 Bänden ist stimmungsreiche Gebrauchslyrik festgehalten.
Mehr als 70.000 Exemplare wurden im Laufe der Jahre im Eigenverlag veröffentlicht.

Die vorliegende Jubiläumsausgabe bietet dem geneigten Leser ausgewählte Gedichte und Vertellkes aus dem poetischen Vermächtnis eines begnadeten Westfalen.

Tief aus dem Brunnen meiner Seele

*Brodelnd aus urigen Tiefen
steigen die Worte empor,
Geister, die oftmals mich riefen,
flüstern mir leise ins Ohr.*

*Hörst du sie liebevoll raunen?
Lausche, in jedem Gedicht
haben die menschlichen Launen
wieder ein neues Gesicht.*

*Einmal zieht stilles Frohlocken
über die Berge zu Tal,
horche den Weisen, sie locken
dich in den sonnigen Strahl.*

*Einmal zieht menschliche Fehle
stumm durch die Wirren der Zeit,
einmal sind Tränen der Seele
Balsam im menschlichen Leid.*

Still wie auf heimlichem Pfade
wandert die geistige Flut
neben der göttlichen Gnade,
neben dem Rhythmus im Blut.

Schwebt wie ein Hauch hinterm Pfluge,
drängt mich und läßt mich nicht los,
drückt mich im gleitenden Fluge
nieder in Blumen und Moos.

Formt meine Worte zu Sätzen,
Versmaß um Versmaß entflieht,
auf pergamentenen Fetzen
wird aus den Sätzen ein Lied.

Stimmung und Schicksal in Ehren,
aber ein gutes Gedicht
kann nur die Seele gebären
still wie ein strahlendes Licht.

Himmighausen um 1955
Blick von der Mühlbachbrücke
nach einem Foto von Manfred Jancik

Meine Heimat Himmighausen

Kleines Dorf im Waldgewande,
Diadem aus alter Zeit,
bist das schönste hier im Lande,
wo man hinschaut weit und breit.

Träumerisch mit Quell und Brunnen
grüßt du jeden Wandersmann,
schaust so lieblich und versonnen
jeglichen Besucher an.

Was dir Berg und Wald beschieden,
Dörflein traut und schlicht und klein,
ist der wahre Heimatfrieden,
ist ein stilles Glücklichsein!

Altdeutsche Gaststätte

Zum Kukuk

in Himmighausen

Geburtshaus und lebenslanges Domizil

des Heimatdichters

nach einer Zeichnung von Heinz Kremer um 1949

Unser altes Haus

Vier Ständer tragen Tor und Dach,
zweihundert Jahr schon Tag für Tag.
Sie bargen Freude, Ungemach
und was an Not am Wege lag.

Vier Ständer tragen dieses Haus
und manchen Herrn trug man hinaus.
Der eine alt, der andre jung,
voll Kraft und Hoffnung, voller Schwung.

Vier Ständer trugen schwere Last
bei Sonnenglanz und Schnee und Frost,
viel Heu und Stroh und reifes Korn
als Erntegut, als Lebensborn.

Vier Ständer bargen Mensch und Vieh,
Krankheit, Sorgenlast und Müh'
auch Freude und gar manches Fest
im Freundeskreis aus Ost und West.

Vier Ständer tragen Tor und Dach
auch heute noch von Tag zu Tag.
Das Haus ist alt, doch stark und gut,
weil Gottes Segen auf ihm ruht.

Die Emmer

Ein Rinnsal nur, so hilflos klein,
geboren aus dem Felsgestein,
sucht seinen Weg und quirlt und schlüpft
und murmelt kindlich, springt und hüpft
vom Eggehang durch Wald und Feld
und freut sich dieser schönen Welt.

Sie schlängelt sich durch Langeland
und küßt, nach Erpentrup gewandt,
so silberklar in Tag und Tau
das Burgfräulein in Merlsheims Au.
Jetzt wird das Bächlein hellewach,
die Emmer wird zu einem Bach.
Und übermütig, wie sie ist,
verwendet sie noch eine List.
Sie springt talab und voller Flausen
hin zu dem schönen Himmighausen.
Dort läßt sie sich in grünen Auen
vom Diemberg mit dem Fischbach trauen.

Vereint im Uferbett zu zwei'n
fühlt sie sich nicht mehr so allein,
allmählich findet sie die Ruh'
und eilt dem flachen Lande zu.

Durch Oeynhausen nach Nieheims Norden,
ist sie jetzt ein Fluß geworden.
Der nimmt den Weg zu Steinheims Becken,
spielt hier und da noch mal Verstecken
und schäkert liebevoll bescheiden
mit alten krummen Uferweiden,
die stetig, auch in Sturm und Wind,
das Wahrzeichen der Gegend sind.

Still tritt des Flusses Silberband
ins wunderbare Lipperland,
grüßt Wöbbel und das Städtchen Schieder,
läßt sich im neuen Stausee nieder.
Glucksend zieht die Emmer dann
vorbei noch an Sankt Kilian,
durch Lügdes weite Heimatflur
Bad Pyrmont zu, doch nicht zur Kur,
und nimmt den Weg nach freier Wahl
in das bekannte Emmerthal,
bis bei der Rattenfängerstadt
der Emmer Lauf ein Ende hat.

Hier hat die Weser, hochbeglückt,
das Eggekind ans Herz gedrückt!

Nieheim, Marktstraße

Kohlezeichnung von Rudolf van Rienen
- Besitz Heimatmuseaum Nieheim -

Märchenstadt Nieheim

Alte Stadt am Holsterberg.
Hunderte von Jahren schon
hast du dein Gesicht gewahrt
und auch die Tradition.

Wasserkump im Straßenbild,
moosbewachsen, frank und frei,
Märchen hocken auf dem Sims
und der Sagen vielerlei.

Alles wahrte sein Profil.
Richterhaus und Richterplatz.
Rathaus noch im alten Stil.
Das ist Nieheims schönster Schatz.

Jahre kommen und vergehn.
Menschen wechseln das Gesicht.
Doch verändern darf das Bild
dieser alten Stadt sich nicht.

Heimat

Heimat ist, wo du geboren,
wo die Mutter dich gewiegt,
wo so traut und traumverloren
deine Vaterklause liegt.

Heimat ist, wo ungebunden
deine Jugendzeit verlief,
wo dein Haupt in manchen Stunden
auf dem grünen Anger schlief.

Heimat ist, wo an den Quellen
gelbe Butterblumen blühn
wo die bunten Bachforellen
durch die klaren Wasser ziehn.

Heimat ist, wo krumme Weiden
träumend in die Wellen seh'n
wo der Jugend Freud und Leiden
ewig dir zur Seite steh'n.

Heimat ist, wo Waldes Rauschen
dir die schönsten Märchen schrieb
und der Seele stilles Lauschen
ewig in dir haften blieb.

Heimat ist wohin dein Sehnen
in der Ferne dich durchdringt
und die Seele unter Tränen
traumhaft sich hinüberschwingt.

Wir aus Westfalen

Wir sind noch wie früher Garanten der Treue,
wir pflegen das Alte, begrüßen das Neue.
Und bleiben doch sinnig, stur und stolz,
wir sind noch geschnitzt aus dem alten Holz.
Wir aus Westfalen.

Wir lieben die Heimat und ehren die Alten,
wir können tiefsinnig die Hände noch falten.
Die Kreuze im Felde, an Weg und Rain,
sie künden vom Bodenverwachsensein.
Hier in Westfalen.

Wir hegen mit Ehrfurcht das Erbe der Ahnen.
Wir führen das springende Roß in den Fahnen.
Wir reden im Dorfe und in der Stadt
die Sprache der Väter, das alte Platt.
Wir aus Westfalen.

Wir hinter dem Pfluge, im Schacht und in Schmieden,
wir tragen im Herzen den inneren Frieden.
Wir lieben das Wahre und nicht den Schein,
wir wollen der Nachwelt ein Vorbild sein.
Wir aus Westfalen.

Hymnus Europa

Völker reichen sich die Hände,
wollen fest zusammensteh'n
und der Geist des Abendlandes
wird dann niemals untergeh'n.
Und wir wollen frohen Mutes
mit Geduld und Gottvertrau'n
mit Vernunft und gutem Willen
eine neue Zukunft bau'n!

Freiheit allen Nationen
Friede und Gerechtigkeit
und Versöhnung aller Völker
ist die Forderung der Zeit.
Kulturell zusammenfinden,
an der Leistung sich erfreu'n,
ein Europa, treu und einig,
wird des Friedens Krönung sein.

Alle Tage nimm im Jahr
eine kleine Freude wahr,
aber mit Besinnen.
Dann kann kommen, was da will
und des Lebens Ungebill
wird wie Schnee zerrinnen.

Frühlingserwachen

Frühlingserwachen

Sieh an, der Frühling zeigt sich schon.
Ganz leise hallt der Silberton
der ersten weißen Glöckchen.
Im ersten linden Frühlingshauch
grüßt mich der alte Haselstrauch
mit seinen gelben Löckchen.

Die alte Weide nah am Bach
schaut sehnsuchtsvoll dem Wunder nach,
sie will nicht abseits stehen,
sie schmückt in Liebe ihr Gezweig
mit Kätzchen, die noch lind und weich,
um in den Lenz zu gehen.

Der Starmatz flötet im Gezweig
der Pappeln nah am Feuerteich
und in der alten Weide.
Wie lebensfroh das Herz mir schlägt,
das neues Hoffen in sich trägt
und neue süße Freude.

Duftendes Leben

Segnender Regen,
sonniger Himmel,
surrende Käfer,
blühender Kümmel,
Junghasen flitzen
schon querfeldein,
Wanderer schwitzen
im Sonnenschein.

Grünende Bäume,
sprießende Saaten,
Rauchschwalben nisten
wieder in Katen.
Fröhliche Kinder
am Wiesenrain,
Kuckucksgeläute
im Buchenhain.

Göttliches Walten,
stilles Gedeihen,
liebliche Tage,
Wunder im Maien.
Duftender Blumen
buntes Gewand
schmücken nun Gottes
herrliches Land!

Frühlingshauch

Leise zieht ein Frühlingshauch
durch die heimatliche Au,
einsam steht am Himmelszelt
eine Wolke hoch im Blau.

Und ein Ahnen zieht durchs Feld
und durch Busch und Ried,
aus dem kahlen Buchenhain
klingt ein Finkenlied.

Stare flöten stundenlang
ihre Melodie
und der Märzendrossel Sang
weckt mich in der Früh.

Heilig deucht mir jetzt die Flur,
über aller Welt
liegt ein zarter Frühlingshauch,
der vom Himmel fällt.

April

Wetterwendischer, launiger Schelm
sitzt voller Bosheit und Tücken,
ziert auch das zarte Grün seinen Helm,
trägt er den Tod auf dem Rücken.

Wirbelnde Flocken und Sonnenschein
wechseln mit eisigem Regen,
den im Ergrünen gedämpften Hain
naßkalte Winde umfegen.

Geht ihm am Ende die Puste aus,
ist er ermüdet vom Toben,
grinst er verwegen zum Fenster raus,
lacht er verschmitzt und verschroben.

Maienzauber

Blühende Wiesen,
grünende Au,
Pappeln wie Riesen
im Morgentau.

Schecken und Falben
auf hoher Alm,
zwitschernde Schwalben
beim Morgenpsalm.

Drosseln und Finken
schlagen Duett,
Tautropfen blinken
im Wiesenbett.

Wanderer wallen
lautlos und weich
quer durch die Hallen
im Wunderreich.

Lockender Tauber
im hohen Baum.
Maientagszauber,
ein Frühlingstraum!

Sommerliche Impressionen

Scheidende Nacht,
erwachender Tag,
blutrote Pracht
steht über dem Hag
und aus dem flutenden
roten Wall,
steigt auf der glühende
Sonnenball.

Gottes große Apotheke

Nur ein Strauß von Sommerblumen
schenkt Dir auf den ersten Blick
so viel Liebe, so viel Wärme
und vom Paradies ein Stück.

Viele Sorten Blüten, Glöckchen,
band ich ein zu einem Strauß,
weiße, blaue, rote Röckchen
steh'n in Gottes Blumenhaus.

Steh'n im großen Wundergarten
auf der Wiese, schlank und rank,
die da alle lächelnd warten
auf den Hochzeitsglockenklang.

Alle sind voll Lust und Liebe,
lebensfroh, voll Tatendrang,
alle drängen ihre Triebe
hin zum sonnenwarmen Hang.

Gottes große Apotheke,
wundervoll zu jeder Zeit,
ist im Hain und an der Beke
alle Tage hilfsbereit.

Hagelschlag zur Sommerzeit

Leuchtendes, wetterndes, blitzendes All,
peitschende Schloßen und Regen.
Grollender, schmetternder, dröhnender Knall,
heulendes, zischendes Fegen.

Speiende, fauchende, pfeifende Flur,
zuckende Blitze im Äther.
Schreckende, brüllende Urkreatur,
rollende, donnernde Wetter.

Knisternder, brechender, knickender Halm,
berstende, splitternde Bäume.
Schwefliger, beißender, stechender Qualm
zieht durch die schützenden Räume.

Schreiende, ängstliche Menschen entflieh'n,
los ist die Hölle dort oben.
Gellende Röte im leuchtenden Grün,
teuflisches, höllisches Toben!

Sommerwende

Lindenblühen,
Sommerwende.
Still verglühen
Blütenbrände.

Und der Bienen Flügelsang
ist des Sommertags Choral,
hängt am Baum und steht am Hang,
hoch am Berg und tief im Tal.

Lindensterne,
Sommerwende.
In der Ferne
harrt das Ende.

Mitte Sommer ist es schon,
wogend zwischen voller Frucht
lodert blutig roter Mohn,
wie in blinder Geltungssucht.

Still verweile,
denn am Ende
steht die Zeile:
"Lebenswende".

Denn das Jahr, es kommt und flieht
und es zeichnet dein Gesicht.
Plötzlich stehst du im Zenit
und dein Leben war Verzicht.

Altweibersommertage

Liebliche Tage, lachender Himmel,
tanzende Mücken, Abschiedsgewimmel.
Spinnweben gleißen, zart im Gebilde,
über die Schollen durch das Gefilde.

Mümmelnde Hasen, äsende Rehe,
waldsäumig blauschwarz reifende Schlehe.
Sprießende Saaten, rotbraune Kutten
prahlender, leuchtender Hagebutten.

Kreisender Bussard, prunkvolle Wälder,
schwelende Feuer, Rauch über Felder.
Tändelndes Gleiten farbbunter Blätter,
sterbende Schönheit, Oktoberwetter.

Herbstzeitgedanken

Eine Träne stiehlt sich sacht
von dem Antlitz letzter Rosen
und der Herbst schenkt über Nacht,
uns ein Heer von Herbstzeitlosen.,

Herbststimmung

Über die Breiten
wandert das Klagen,
über die Koppel
streunet der Wind.
Über den Weiten
hinter dem Hagen
weinen die Stoppeln,
lautlos und blind.

Über den Föhren
hasten die schweren
Wolken und dehnen
sich bis zum Meer.
Herbstliches Röhren
rauscht durch die leeren
Felder, wie Sehnen,
drückend und schwer.

Über den Welten
thronen Gewalten,
lenken und leiten
Wasser und Land.
Hörst du sie schelten?
Aber sie halten
dich und die Zeiten
fest an der Hand.

Der Herbst ist da

Sacht klopft er an
und tritt herein,
ins Traumgemach der Reife,
und lacht und dann
trinkt er vom Wein
und zieht an seiner Pfeife.

Er tupft mal hier
und malt mal da
mit Pinsel und Palette,
im Blattgewirr,
mal fern, mal nah,
und spielt die Klarinette.

Bläst auf dem Horn
das Jagdsignal:
"Auf, auf zum frohen Jagen!"
Trinkt aus dem Horn
und steigt ins Tal
mit wohligem Behagen.

Und was da blüht
ist alles sein,
er küßt die letzten Rosen
und stapft ins Ried
zum Stelldichein
mit tausend Herbstzeitlosen.

Und schleicht zur Bucht
mit leisem Schritt
hin zu den Hagebutten
und bringt der Frucht
ein Käppchen mit
und blutigrote Kutten.

Malt über Nacht
die Wälder bunt,
es loht und glüht im Lande
und diese Pracht
im weiten Rund
dient ihm zum Prunkgewande.

Hagebuttenzeit

Plötzlich ist es kalt geworden
und das herbstlich rohe Morden
fängt jetzt in den Wäldern an.
Und der Wind heult in den Drähten
und besingt in Todesnöten
wilder Jagden Vorgespann.

Blätter fallen zu Millionen
und nicht eines wird er schonen,
sein ist jetzt das Reich der Müh.
Uralt ist sein Leierkasten,
rauh und grob schlägt er die Tasten
bei der Todesmelodie.

Waidwund ist die Flur am Stöhnen
und des Himmels Abschiedstränen
fallen jetzt bei Tag und Nacht.
Und bei diesem rauhen Wetter
hör ich selbst den Sang der Götter,
klagend um verlor'ne Pracht.

Nur die Hagebutten ragen,
ihre Früchte, die sie tragen,
einsam in des Tages Grau.
Und uns Menschen faßt ein Grausen,
wenn des Sturmes Klagebrausen
hastet durch die Heimatau.

Rauh kämmt jetzt der Wind die Stoppeln,
flieht durch kahl gefress'ne Koppeln
über leere Felder fort,
wimmert in den alten Föhren,
schaurig ist es anzuhören,
wie ein Lied von Brand und Mord.

Ein wilder Gesell

Flink reitet er durch Busch und Ried,
hell pfeift er sein Gesellenlied.
Rauh zaust und zupft
und rauft und rupft
des Herbstes wilder Vetter
die bunten, falben Blätter.

Vollführt mit großer Toleranz
mit ihnen einen Totentanz.
Er wirbelt, rollt
und rauscht und grollt
und spielt in Strauch und Hecken
mal Packen, mal Verstecken.

Seiltänzelt auf dem Mastendraht,
fährt Karussell am hohen Grat.
Und schmollt und schläft
und heult und fegt
im ungestümen Walten
durch alle Felsenspalten.

Er ist ein Schalk. Voll Übermut
entführt er deinen neuen Hut.
Er bläst und weht,
er rollt und dreht,
durch Pfützen ihn und Gassen
und du hast einen "Nassen".

Schnell stülpst du ihn, weil es recht kalt,
auf deinen Schädel mit Gewalt.
Du schimpfst und murrst,
du klagst und knurrst
und kannst dich doch nicht wehren,
drum läßt du ihn gewähren.

Hart rüttelt er am Gartentor,
steigt an der Giebelwand empor.
Er ächzt und stöhnt,
er lacht und höhnt,
flieht über First und Pfannen
in wilder Hast von dannen.

Novembertage

Schattenverwirktes wildes Gestein!
Mausgraue Blätter im Totenhain.
Rotgold'ne Farben, lila verblassend,
alle verschieden, jede ist passend.

Bleierne Schwere hängt an den Zweigen,
Nebel am Hange, überall Schweigen,
Wiege der Träume, stilles Gestalten,
blattlose Bäume, sinniges Walten.

Über den nackten, märchenbefrackten,
wabernden Scheiten, off'ner Kamin.
Räuspernde Galgenvögel verharren
grade wie Hexen auf ihrem Karren,
die jetzt verzweifelt dem Henker entfliehen.

Sterbende Rosen

Sterbende Rosen
tränenbeladen,
scheidende Astern,
Wolken auf Pfaden.

Herbstlicher Himmel,
nebelverhangen,
trauernde Herzen
zagen und bangen.

Hügel und Gräber,
winterverträumt,
sorgsam gepflegt,
lichterumsäumt.

Sinnender Beter
unter der Eibe,
denke und wäge,
kurz ist die Bleibe!

Grüße die Schläfer
unter dem Steine.
Ruhst nicht auch balde
du hier im Haine?

Des Waldes Leben ist verstummt.
Die Bäume gleich Asketen,
steh'n nonnenhaft, schneeweiß vermummt,
als wären sie am Beten.

Winterbilder

Weiße Pracht

Still kam der Winter über Nacht
und hockt auf allen Breiten,
er prunkt mit seiner weißen Pracht
wie einst in alten Zeiten.

Jedoch, das Drum und Dran, mein Kind,
das ist nicht gleich geblieben,
die meisten Menschenkinder sind
vom Sturmwind aufgerieben.

Der Sturmwind uns'rer neuen Zeit
ist nicht mehr aufzuhalten,
wer denkt noch an die Ewigkeit
und Gottes weises Walten.

Und weiter legt auf Baum und Strauch
der Schnee sich leise nieder
und schenkt nach altem Tun und Brauch
der Welt ein neues Mieder.

Winterzauber

*Haselstrauch und Seidelbast
schmückten sich mit weißer Last,
auch die krausen Hecken.
Irgendwo ein Rabe quarrt.
Bächlein ist zu Eis erstarrt,
spielt im Schnee Verstecken.*

*Eichen, Buchen, reckenhaft
tragen weißen Märchentaft.
Im Fichtenhaine
formt des Winters Zaubermühn,
gipfelhoch in weiß und grün,
schönste Edelsteine.*

*Wanderer hält kurze Rast.
Meisen turnen hoch am Ast
in den grünen Fichten.
Wald und Winter sind vermählt
und der Wandrer lauscht beseelt
alten Waldgeschichten.*

Eisblumen

Sie werden geboren
durch Kälte und Eis,
sind ohne Blüten,
Triebe und Reis.

Man kann sie nicht binden,
zum herrlichen Strauß,
sie leben im Zimmer,
dort sind sie zu Haus.

Sie blühen am Fenster,
so einfach und schlicht,
sie leuchten und duften
und rühren sich nicht.

Sie steh'n wie gemeißelt,
nach Lot und nach Maß,
die Blumen des Winters,
auf Scheiben und Glas.

Verwirrt und verworren
sind Form und Gestalt,
bizarre Gebilde,
mal Baum und mal Wald.

Doch küßt sie die Sonne
mit lachendem Hauch,
verfliegt ihre Schönheit
in Nebel und Rauch.

Dezembertage

Wenn die Wälder schweigen,
kommt die stille Zeit,
und die Tage neigen
sich in Einsamkeit.

Aus dem Sternenreigen
schwebt am Firmament,
wenn die Wälder schweigen,
lautlos der Advent.

Jedem Kind zu eigen,
hockt im weiten Raum,
auf den Tannenzweigen,
still ein Weihnachtstraum.

Menschenherzen schweigen,
halten sich bereit,
und aus Baum und Zweigen
strömt Besinnlichkeit.

Wenn die Wälder schweigen,
siehst du groß und weit,
still herniedersteigen
die Unendlichkeit.

Kampf ums Sein

Es heult der Sturm, es treibt der Schnee,
der Wald stöhnt auf in tiefem Weh.
Jetzt reitet durch die Flur der Tod,
der Hain stöhnt auf in seiner Not
und alles, was jetzt morsch und schwach,
schreit vor all dem Ungemach.

Horch, wie die Wälder brausen
und wie die Winde sausen.
Ein Orgelton so monoton,
so ungehalten und voll Hohn,
dann wie ein Ruf in höchstem Schmerz,
ein Notruf bis hinauf zur Terz,
ein Wehelaut so matt und müd,
ein Trauersang ein Totenlied,
dazu ein Ächzen und ein Klagen,
ein Ästeaneinanderschlagen,
so wild verwegen, Todesleiden,
wie sie sich wehren vor dem Scheiden.

Die Gottesorgel hier im Wald
macht selbst nicht vor den Riesen halt.
Im tiefsten Bass das Lied erklingt
und die Natur sie kämpft und ringt.
Der Hammer Gottes schwingt und schlägt,
das Morsche wird hinweggefegt.
Wie fühlt der Mensch sich schwach und klein.
Naturgesetz, ein Kampf ums Sein.

Nordlicht

Nördlicher Schimmer in kühler Nacht,
steht über Dächern und Strauch,
kleidet den Himmel friedvoll und sacht,
lieblich in rosigen Hauch.

Hockt eine Weile am Firmament,
schickt über Täler und Höh'n,
Grüße an unseren Kontinent,
sagen- und märchenhaft schön.

Wechselt die Farbe und die Gestalt,
formt sich zum strahlenden Schein,
geht dann allmählich im Sternenwald,
in die Unendlichkeit ein.

Immer wieder ...

Die Zeitung, dein täglicher Begleiter

Nimm es dir Leser zur Notiz
was ich zu sagen habe,
denn im Erkennen liegt der Witz
und darin meine Gabe.

Sieh an, ich bin dein bester Freund,
am Abend und am Morgen,
ob's regnet, ob die Sonne scheint,
teil ich mit dir die Sorgen.

Ich klär dich auf von Tod und Glück
und rechten Steuerzahlen,
belehre dich in Politik
und Neuem im „Lokalen".

Die Anzeigen, studiere sie,
weil sie dir Nutzen bieten,
sie sparen dir so viele Müh'
beim Ankauf und Vermieten.

Denn ich vermittle letztlich nur
mit sichtlichem Behagen,
ich zeig dir gleich die rechte Spur
und helf dir beim Erfragen.

So vielen bring ich im Roman
die Feiertagsgestaltung,
im andern Teil siehst du sodann
etwas aus der Verwaltung.

Als Freund bin ich dir Humorist
und schenk dir Sonnenlachen,
ich will als stummer Posaunist
dich erst zum Menschen machen.

Ich kläre dich in allem auf
und hüte dich vor Schaden,
du siehst, ich bin im Tageslauf
mit Arbeit gut beladen.

Ich gebe dir den festen Schritt,
um dir zum Glück zu helfen,
sonst kommst du mit der Zeit nicht mit
und heulst dann mit den Wölfen.

Wenn du mich recht verstanden hast,
kommst du im Leben weiter,
drum nimm mich mit als süße Last,
als ständigen Begleiter.

Jahreswechsel

Die Zeit vergeht. Die Uhr rückt vor.
Und wieder öffnet sich ein Tor
zu einem neuen Jahr.
Sehnsüchtig schaust du in das Licht,
das dir daraus entgegenbricht,
so hoffnungsvoll und klar.

Das alte Jahr verebbt, verrinnt,
verfliegt mit dem Dezemberwind
in uferlose Weiten.
Was es dir auch an Wunden schlug
und was dein Herz an Weh ertrug,
war nur ein Wegbereiten.

Nimm still zum Jahresanbeginn
das Menschliche auch menschlich hin,
vergiß des Unrechts Schwere,
damit nicht Hader, Haß und Neid
verankert sich in Ewigkeit
auf deiner Lebensfähre.

Aschermittwoch

Vorbei ist aller Mummenschanz,
das Spiel ist aus und aus der Tanz.
Verklungen sind die Lieder.
Die Menschheit hält sich still bereit
und kniet zerknirscht im Büßerkleid
stumm am Altare nieder.

Es ist ein stilles Insichgehn.
Ein Büßergang im Zeitgeschehn
voll altersgrauer Sorgen.
"Memento mori" ernst und hart
klingt Gottes Wort zur Lebensfahrt
am Aschermittwochmorgen.

Ostermorgen

Über Berge, Dorf und Tal
grüßt der Ostersonnenstrahl
und auf Pfad und Wegen
sind jetzt alle Vögel wach,
warten schon am frühen Tag
auf den Ostersegen.

Horch, wie hell klingt durch die Au
Glockenton in Tag und Tau
über alle Lande
und die Kinder, groß und klein,
sammeln bunte Eier ein,
nah am Heckenrande.

Ostertag ist Freudentag,
alle Blumen, die schon wach,
wollen mit frohlocken
und in Röckchen, weiß und bunt,
läuten sie im weiten Rund
mit den Osterglocken.

Allerseelen

Allerseelen. Viele fehlen,
die noch in den letzten Jahren
Beter unter Betern waren.
Heute ruh'n sie in den Reihen,
einzeln oder auch zu zweien.
Mancher Hügel, schlicht und klein,
schließt ein hartes Leben ein.

Tränen fallen. Das gilt allen,
die vor Monaten und Jahren,
dir und mir Begleiter waren,
die sich durch das Leben schlugen,
Ungemach und Leid ertrugen
bis der Tod zu guter Letzt
sie in Reih' und Glied gesetzt.

Bettler, Grafen, alle schlafen
und der Herr ruht bei dem Knechte,
bei dem Sünder der Gerechte.
Hasser, Spötter, Hetzer, Neider
tragen hier die gleichen Kleider.
Hier sind alle, Freund und Feind,
friedevoll im Tod vereint.

Nebel wallen! Blätter fallen
und die Zeit hat schnelle Flügel.
Ach wie bald deckt dich ein Hügel.
Jetzt kannst du noch benedeien.
Weiter füllen sich die Reihen.
Und die Hügel nehmen zu.
Unter einem ruhst auch du.

Die Jugend lacht, das Alter sinnt,
so ist die Lebensweise,
die einen sind voll Übermut,
die andern dafür weise.

Fernab der lauten Straßen

Wie schön ist doch die Welt

Ein Blütenstrauß am grünen Hut,
so geh ich querfeldein,
ein kleines Lied, das in mir ruht,
fliegt in die Welt hinein.

So nimmt denn meine Seele wahr,
zu jeder Jahreszeit,
was um uns ist, was wird und war,
an Schönheit, Lust und Leid.

Und wiederum ist es ein Traum,
der mich gefangen hält,
Herrgott, im weiten Himmelsraum,
wie schön ist doch die Welt.

Besinnung

Genieße den Tag
und denk nicht an morgen,
die Vöglein im Hag
sind auch ohne Sorgen.

Sie leben wie du,
traumseliger Wandrer,
ein Weilchen nur Ruh,
schon bis du ein andrer.

Ein Weilchen nur Rast
auf einsamen Pfaden,
so ganz ohne Hast,
das kann dir nicht schaden.

Ein Weilchen nur schau
ins Weltengetriebe,
dann ist dir die Au,
die Heimstatt der Liebe.

Das Glück der Stille

Was wächst, liebt auch die Stille,
das Korn, der Mensch, der Wald,
dort wo des Glückes Fülle
auf grünen Pfaden wallt.

Wo auf den weiten Höhen
des Menschen Seele reift,
wo nicht das Weltgeschehen
nach deinen Nerven greift.

Wo du ein lieber Gast bist,
im Wald und Bruch und Hain,
wo keinem du zur Last bist,
im stillen Glücklichsein.

Und wo die Körner reifen,
am Rain im weiten Feld,
wird dich der Odem streifen,
des Schöpfers aller Welt.

Dort hat die Seele Schwingen
und drängt zum Benedein
fernab vom Alltagsringen,
nur, um Gott nah zu sein.

Hier stehst du ohne Hülle
und ohne Zeit und Uhr,
hier thront des Glückes Fülle
im Schoße der Natur.

In Tag und Tau

Tautriefender Morgen in Feld und Hag,
frohlockender, jubelnder Amselschlag.
Buntblühende Rosen am Weg und Rain,
ein Kuckuckspaar läutet im Buchenhain.

Ein spielendes Häschen im reifen Klee,
im Schlag der Luzerne verhofft ein Reh.
Ein Jungfuchs schnürt lächelnd durchs Rübenfeld,
ein Igel durchtummelt das Blätterzelt.

Ein rätschender Häher am Waldessaum,
sonst heilige Stille im weiten Raum.
Froh dudelt die Lerche im hohen Blau,
ihr Morgengebet in die Heimatau.

Hoch in den Bergen

Hoch in den Bergen, glasklare Weiten,
weiter und höher Unendlichkeiten.

Einsame Stille, göttliche Größe,
Wunder in Fülle, Berg im Gebete.

Hoch in den Klüften Steinschlaggefahren
und an den Hängen tückisch Gebaren.

Vorsicht! Lawinen, Gletscher und Spalten,
über den Höhen Ewigkeitswalten.

Göttliche Fernen, Bündel und Garben,
Alpen erglühen in Edelsteinfarben.

Zauber der Berge, Wunder der Höhen,
menschliche Sehnsucht, Staunen und Sehen.

Und ewig rauschen die Wellen

Und ewig rauschen die Wellen
und ziehen uns in den Bann.
Sie sind wie wilde Gesellen
und reiten brausend heran.

Sie schäumen, klatschen und schlagen
und speien wütend den Gischt.
Ein Donnern, Dröhnen und Klagen
und schon ist alles verwischt.

Wieder rauschen die Wellen,
aufs neue wuchtig und schwer.
Sie poltern, stöhnen und bellen
und fallen zurück ins Meer.

Es ist der Kampf der Gewalten.
Wie fühlt sich der Mensch doch klein.
Wir lieben, leben, veralten,
die Urkraft wird ewig sein.

Der Stein

Bist ein Stück der Felsenwand,
tatenlos, verschwiegen,
nur ein Stein am Wegesrand
bleibst da achtlos liegen.

Bist ein ausrangiertes Stück
ohne Klang und Namen
und ein kleines Mißgeschick
sang dir schnell das "Amen".

Liegst so einsam und allein,
Rest aus einer Masse,
wärest du ein Edelstein,
zähltest du zur Klasse.

Immerhin erfüllt den Zweck
deines Daseins Bürde,
auch ein einfaches Gedeck
hat noch sein Würde.

Wenn ein Berg lebendig wird

Friedlich grüßen unsre Berge,
hineingestellt in Feld und Flur
und der Sang der kleinen Lerche
ist ein Wunder der Natur.

Aber in den fernen Welten
greift in's friedliche Geschehn,
wenn die hohen Berge schelten,
was wir Menschen kaum verstehn.

Was wir Menschen kaum begreifen
und uns deucht es ein Gericht,
wenn die Welt an steilen Hängen
plötzlich laut zusammenbricht.

Erde, Steine, Schneelawinen,
poltern dröhnend, laut zu Tal,
donnergleiches Urvermögen,
wild zerstörend, brachial.

Urgewaltig stürzen Massen,
ungezügelt, laut und wild,
unaufhaltsam immer weiter,
formend so ein Wüstenbild.

Weltenmächte der Titanen,
spielen mit dem Urgestein,
Gottesfäuste, welch ein Mahnen,
steht doch über unserm Sein.

Der neue See

Plötzlich rollten große Bagger
in das stille Wiesental,
Kolosse von vielen Tonnen,
ihrer zwanzig an der Zahl.

Mächtig, wie zum Todesritte,
formten sich in Reih' und Glied
ungetüme Stahlgiganten,
dann begann ihr Arbeitslied.

Und es war wie ein Gewitter,
wie ein Donner in der Schlacht,
ein Gerassel schwerer Ketten
der Zyklopen auf der Jagd.

All' die schweren Ungetüme
ließen ihre Kräfte los,
ihre Riesenschaufeln fuhren
mächtig in den Erdenschoß.

Schaffenstage der Giganten
und bald war ihr Werk getan,
neuer See im Wiesengrunde,
dann fuhr schon der erste Kahn.

Die nun zur Erholung kamen
sonnten sich jetzt allzumal,
hier im See und dort am Strande,
freudevoll im stillen Tal.

Vertraute Szenen

Läutend formt der Amboßklang
sich zum hehren Liede,
lausche nur ein Weilchen lang
in der alten Schmiede.

Schau nur, wie die Esse glüht,
wie die Funken stieben,
wie in Weißglut Eisen sprüht,
in dem Raum, dem trüben.

Horche, wie am frühen Tag
hell der Amboß läutet
und das Eisen, Schlag um Schlag,
wird zur Form bereitet.

Perlend quirlt der Arbeitsschweiß
aus des Meisters Poren,
leuchtend steht das Augenweiß
zwischen ruß'gen Ohren.

Und es formt der Amboßklang
sich zum hehren Liede,
lausche nur ein Weilchen lang
in der alten Schmiede.

Die alte tote Schmiede

Im Dorf die alte Schmiede
verfällt mit jedem Tag.
Zum frohen Arbeitsliede
erklingt kein Hammerschlag.

Den Schmied trug man von dannen,
nun steht die Werkstatt leer.
Sacht tropft aus lecken Pfannen
der Regen dumpf und schwer.

Erkaltet ist die Esse,
kein Rauch dringt aus dem Schlot.
Hier hält die stille Messe
der Meister Hein, der Tod.

Der Wind pfeift in der Kammer
durch jeden kleinen Spalt.
Am Amboß lehnt der Hammer
im Spinnewebenwald.

Hat oft sein Lied gesungen
der Amboß, laut und hehr.
Jetzt ist sein Lied verklungen,
der Meister ist nicht mehr.

Nicht müd und zag den Tag beginnen,
mit Unlust und mit Nörgelei
durch Lächeln läßt sich mehr gewinnen,
tu deine Pflicht, sei froh dabei!

Jagdgrüne Geschichten

Jägerlatein

Am schwarzen Fluß, nach Mitternacht,
sitz' ich am Brückenkopf,
zur Zeit der großen Entenjagd,
beim Ruf des Wiedehopf.

Was ich dort sah, im Mondenschein,
das war ein graues Tier,
so mutterseelen ganz allein,
ein Räuber im Revier.

Mir war, als wenn im weiten Bruch
ein Schwaden stand im Grund,
von Aas, Verwesung, Wolfsgeruch,
das Tier, es war kein Hund.

Dann war es fort, schnell wie ein Blitz,
nichts war von ihm zu sehn
und dann sah ich, nah meinem Sitz,
es grimmig vor mir stehn.

Zerzaust das Fell und wild der Blick,
blitzschnell hob ich den Lauf,
vertrauend meinem Schützenglück
und hielt vermessen drauf.

Der Knall zerriß die stille Nacht,
im lichten Morgenrot,
das war zur Zeit der Entenjagd,
der Wolf war mausetot.

Blattzeit

Jetzt pirschen die grünen Röcke
früh morgens durch den Hain,
jetzt ziehen die starken Böcke
gerne zum Stelldichein.

Sie treiben im Kreis die Ricke,
mal langsam, mal geschwind
mit liebeshungrigem Blicke,
liebestoll und blind.

den Alten, Heimlichen, Stillen,
trifft man am hellen Tag,
den grauen Kopf voller Grillen
im jungen Fichtenschlag.

In heimlicher Morgenstunde,
schon früh vor Tag und Tau
steht er im moorigen Grunde
als Herr der weiten Au.

Jetzt ist er so ungehalten,
bald bringt der Jägersmann
dem liebeshungrigen Alten
im Tau die Kugel an.

Sommernacht

Der stille Mann im grünen Rock,
erwartet seinen Abschußbock,
ergriffen steht er da und lauscht,
das Roggenfeld im Nachtwind rauscht.
Der Mond zieht seine Himmelsbahn,
fernab lockt ein Fasanenhahn.

Voll Wunder ist die Sommernacht,
der wilden Rosen bunte Pracht
erfüllt mit Düften, honigsüß,
das sommerliche Paradies.
Hoch über ihm im Sternenkleid,
steht schweigend die Unendlichkeit.

Jagdzeit

Wie kommt denn nur ein schwarzes Haar
auf deinen grünen Rock,
mein lieber Freund, ich glaube gar,
es ist ein ganzes Schock.

Schau, eines hängt am Hosenbein,
zwei fingen sich am Knopf,
du kommst bestimmt vom Stelldichein
mit einem Mädchenzopf.

Schau mich nicht so verlegen an,
ich weiß schon wie das geht,
wenn man als schmucker Jägersmann
im besten Alter steht.

Röhrende Macht

Nebelgrau das Kleid der Tage
in den frühen Morgenstunden,
und im nahen Fichtenschlage
steht die Brunftzeit unumwunden.

Auf den Höhen, tief im Tale,
an den Hängen, an den Quellen,
gibt nun Antwort der Rivale,
fordernd sich dem Kampf zu stellen.

Röhrend steht er auf der Blöße
in dem Dunst der frühen Stunde,
urgewaltig, seine Größe
gibt von seiner Stärke Kunde.

Nur der Stärkste hier im Walde
ist der Herr der Äsungsplätze,
rundherum auf weiter Halde
gelten die Naturgesetze.

Kampf der Rivalen

Der Platzhirsch stand im Eschengrund,
sein Kampfruf hallte weit ins Rund
und unten tief im Tale
gab Antwort der Rivale.

Der forderte im Morgendampf
den Zwölfer dreist heraus zum Kampf.
Dem kam der Streit gelegen,
schnell zog er ihm entgegen.

Er röhrte ohne Unterlaß,
erregt mit tiefem, groben Baß,
gesenkt die starken, langen
und kampferprobten Stangen.

In tiefer Schlucht, am feuchten Grund,
schlug er den Gegner todeswund
und drückte, machtvoll im Triumph,
den Todgeweihten in den Sumpf.

Der Deichselhirsch

Ein Junitag ging still zur Neige,
der Abend war so hell und klar
die Grille zupfte ihre Geige,
so liebevoll und wunderbar.

Ein Jägersmann, ergraut und weise,
getarnt durch seinen grünen Rock,
saß hinter einer Heckenschneise
verschwiegen an, auf einen Bock.

Der Bock trat aus, so stolz und prächtig,
doch stand dem Schützen er zu spitz
und diesem schlug das Herz so mächtig
auf seinem unbequemen Sitz.

Das Büchsenlicht begann zu schwinden,
der Bock zog spitz zum Heckenzaun,
war plötzlich nicht mehr aufzufinden,
in seinem Kleide rot und braun.

Doch zwischen einer Blätterlücke
schob sich ein roter Fleck hervor
und da begann des Schicksals Tücke
teils mit dem Pech, teils mit Humor.

Der Schütze ließ die Kugel fliegen,
das war das Ende von der Pirsch,
er fand im Schweiß verendet liegen
ein Pferd, man sagt auch "Deichselhirsch"!

Saujagd

Froh zogen in der Maienpracht
drei Jäger auf die Bassenjagd.
Mit Weidmannsheil und Weidmannsdank,
schoß man den schweren Keiler krank.

Der nahm mit wilden Fluchten,
den Weg durch tiefe Schluchten.
Durch Dorngestrüpp und Krautgewirr
verschwand er schnell aus dem Revier.

Wild war die "Grüne Sippe".
Schnell griff man nach der "Strippe"
und schlug, da man ja selbst schon warm,
beim lieben Nachbarn Hochalarm.

Zu dritt mit einem Jungen
ging es durch Niederungen.
Kreuz und quer, im Schritt, im Trab,
so suchte man die Dickung ab.

Noch einmal alles durchzugehn,
ließ man den Jung' als Späher stehn.
Und mutterseelen ganz allein
stand dieser in dem hohen Hain.

Er zog das Messer aus dem Rock
und schnitt sich einen Rutenstock.
Und schritt im Sonnenlichte
zur umgestürzten Fichte.

Dort lag im aufgerissnen Grund
der alte Keiler, todeswund.
Jedoch das Unglück war schon da,
als ihn der Junge liegen sah.

Daß sich der Alte spute,
schlug er ihn mit der Rute.
Der nahm ihn an in Sprung und Lauf
und schlitzte ihm das Beinkleid auf.

Nahm ihn auf die Gewehre,
warf ihn hinaus ins Leere.
Der Junge schrie,
laut wie noch nie.

Und wieder griff der Keiler an,
zerspellte einen Stamm im Tann. -
Da nahm ein Blitz, ein Büchsenknall,
den alten Bassen ins Wallhall.

Die Otternjagd

Es wird soviel Latein geschrieben
allein schon weils die Jäger lieben
und jeder, der Humor versteht.
Mit Mimik können Jägerseelen
berauschend schön Latein erzählen
und das mit vollem Fug und Recht.

Schon oft hab man von Hochwildjagden
Latein erzählt, daß alle lachten,
gerührt von so viel Glück und Mut.
Nur Löns spricht spannender und flotter
vom Jagen auf den wilden Otter
und sagt auch, wann das Jagen ruht.

Jedoch in Nieheims weiten Fluren
kam jüngst ein Jagersmann auf Touren
als man die Nachricht ihm gebracht:
„Am Bachlauf haust ein starker Otter!“
Da schlug sein Jägerherze flotter
und schon schritt er zur seltnen Jagd.

Er schoß das Tier! Und voller Freude
beschaute er die selt'ne Beute.
Wie hold war ihm das Jägerglück.
Zuhause griff er nach der Strippe,
benachrichtigte Amt und Sippe,
war stolz auf das erlegte „Stück“.

Die Zeitung schrieb von seinem Jagen
in dicken Lettern aufgetragen
vom Waidmannsheil und blies: Trara!
Da kam so mancher an und staunte.
Bis einer kam und sah und raunte:
„Das ist ja nur ein Nutria!“

Des Jägers Zahn

Zum Zahnarzt kam zu früher Stunde
ein alter Jägersmann als Kunde.
Die Uhr war grade halber acht.
Da sich die beiden recht gut kannten,
wie alle Jagd- und Artverwandten,
sprach man bald von der „Hohen Jagd“.

Der Zahnarzt, selbst ein alter Jäger
und vieler Würden hoher Träger,
fragt zwischendurch nach dem Begehr.
„Ach“, sagt der Kunde, „hier, mein Lieber,
sitzt grad der Krone gegenüber,
ein loser Zahn, der grämt mich sehr.“

Er läßt sich nieder auf dem Sitze,
der Doktor gibt ihm eine Spritze
und weiter spricht man von der Jagd
und eh der Kunde es erwogen,
wurd' fachmännisch der Zahn gezogen,
das war geschwind und gut gemacht.

Und mit gefühllos totem Munde,
bedankt erleichtert sich der Kunde
und fährt nach Haus im frohen Wahn.
Allmählich schwindet die Vereisung
und plötzlich merkt er die Entgleisung.
Der Doktor zog den falschen Zahn.

Nach der Jagd

Abend will es um uns werden,
Dämmerung umschleicht die Hügel,
Fohlen wiehern und den Pferden
hält kein Reitersmann die Zügel.

Roß und Reiter, hundemüde,
wundgelaufen, wundgeritten,
an den Sätteln Füh' und Rüde,
schweißbehangen, ausgelitten.

War ein schweres Jagen heute,
über Stein, durch Busch und Föhren,
schweigemüde trabt die Meute
und wir lassen sie gewähren.

Abend will es um uns werden,
locker sitzen wir im Bügel,
Fohlen wiehern und den Pferden
hält kein Reitersmann die Zügel.

Des alten Jägers Klage

Ich nahm in meiner Jugend
so vieles schon in Kauf,
es lief so manches Schmaltier
mir vor den Büchsenlauf.

Dann gaben Korn und Kimme
genaue Richtung her,
doch das ist nun das Schlimme,
die Büchse schießt nicht mehr.

Ihr Lauf ist arg verbogen,
der Hahn ist überspannt,
mit Futteral bezogen,
hängt sie jetzt an der Wand.

Ich selbst bin jagemüde,
mein Haar ist silbergrau
und im Revier ist Friede,
Ruhe in Tag und Tau.

Steckst du einmal in Schwierigkeiten,
ganz ungewollt? ... gelassen sein!
Schau auf des Lebens gute Seiten,
dann wirst du bald zufrieden sein.

Plattduitske Vertellkes

Boi us dohoime

Boi us dohoime, do kört man platt,
dat is wie hoimelndet Riusken,
dat Hauchduitsk lütt doch mänt inne Stadt
un domeh will ich nich tiusken.

Boi us dohoime, do kört man platt,
de Kinner, Vatter un Moime,
un olle gohet den Ahnenpatt
un sind seo glücklich dohoime.

Boi us dohoime, do kört man platt,
dat riusket, schwinget un klinget
seo wacker, seo schoin, seo vull un satt,
just wie de Vögelkes singet.

Boi us dohoime, do kört man platt,
dat lütt wie tusternde Rieken,
just wie dat riesige Mühlenrad,
us wat vertellt anne Bieken.

Un düsse Sproke, de segget us wat,
woi wüllt us jümmer dran hallen,
boi us dohoime, do kört man platt,
just seo wie früher de Allen.

De Westfale

Graut is hoi, stark un schrohe,
seo stuer un seo stolt,
un is seo hart un tohe
wie Hoineboikenholt.

Hoi is nich för dat Köern,
doför hett hoi koin Schniut,
hoi goiht dör Sump un Döern
den Wiäg geradeiut.

Verbunnen me de Eärn
höllt hoi als Ahnenpand
dat alle Platt in Ehärn
in Stadt un uppen Land.

Hoi denket doip un innig
un nutzet soine Toit,
hoi hannelt frum un sinnig,
wie et nich jeder doit.

Niu soik mol soinetgloiken
in Lännern graut un woit,
hoi is wie oine Oiken,
de doip in Grunne stoiht.

Kinneraugen

Kinneraugen blitzeblank,
vuller Sunne un vull Sang,
kaffeebriun un hiemelblo,
oinmol hoi un oinmol do.

Kinneraugen üawergeot
blenket vuller Üawermeot,
lüchtet, et is nich teo seggen,
wie oin Burn, seo kloor un reggen.

Kinneraugen, noh un feärn,
lüchtet just wie güllne Steärn,
auhne Suargen, auhne Tücke,
wat man suiht, is liuter Glücke!

Kinner von Duarpe

Kinner von Duarpe sind frum un sind sinnig,
riuh wall von biuten, dat Hiärte seo woik,
sind nich wie mangmol de Städter seo winnig,
soi sind natürlik, dat maket soi roik.

Kinner van Duarpe sind rank un lebännig,
stark wie de Oiken, getrugge wie Gold,
laupet in Holsken seo hännig un wännig
un sind seo tohe wie Wittdöernholt.

Kinner von Duarpe meh Backen seo gloinig,
lockenkoppkrius, meh Augen seo blank,
sind wie die Rähe seo flink un seo boinig,
sind wie de Haselreohen seo schlank.

Kinner von Duarpe, de künnt moi gefallen,
flassköppigwitt, mol raut un mol schwatt,
Kinner van Duarpe, de hallt meh den Allen
jümmer nau hauch dat hoimelnde Platt.

Dat Eggersoiken

Jungens maket oft teo twedde
auk mol oine Duiwelswedde,
just seo wedde Dreggers Fränzken
un soin Fruind, det dulle Hänsken.

Et gink üm ne Pulle Sekt
un de Wedde wurd perfekt.
Fränzken sull meh Koppterbriäken
niu twoi Egger geot verstiäken.

Hans gaff sachte an Franz Dregger,
twoi ganz alle Iuhlenegger,
de hoi gistern kurterhand
inne Balkenbansen fand.

Fränzken soin Gemoit was reggen,
wat sull hoi nau üawerleggen,
just wie in oin woiket Kissen,
stoppe hoi soi inne Müssen.

Sachte sette hoi tipp-topp
dann de Müssen uppen Kopp,
gaff no biuten henn oin Toiken,
niu kunn Hans de Egger soiken!

Hänsken sochte inne Stuawen,
unnern Schappe, innen Uawen,
unnern Disk un manket Linnen!
Wo sull hei de Egger finnen?

Doch do kamm de Geistesblitz
un wat daug de Hobelitz?
Flink gedacht un schnell gedohn,
hauch de Hand un teogeschlohn!

Fränzken was vür Schrecken lögge,
iut de Müssen flaut de Brögge
un hoi schrigge wie oin Giul,
dänn de Egger würen fiul.

Jagdiäten

Die Hasenjagd is längest uapen,
de Krummen hät nix mähr teo huapen,
et knallt in Buske, anne Rieke,
in Breok, up Lännern, anne Bieke.

Owends suihste dänn de Schütten
harre als in Gasthius sitten.
Soi vertellt boin Lüchtenschoin,
sick oinanner Jagdlatoin.

Nuilig, dat süllt olle wieten,
hät doch manger dämlich kieken,
dänn do sag man nigge Schütten
boi den allen "Bassen" sitten.
Wie hät do de "Allen" lohn,
wat harrn soi nich olles dohn!

Un up oinmol, briun un frisk,
kamm oin Brohen uppen Disk .
Olle Schütten würn an schnuppern
un de jungen Hiärten puppern,
lustern räf man Miul un Kinn
un man hogge wahne rin.

Absoits soiten still de Allen,
dänn soi moßten sich enthallen,
wünsken gneofkernd, wie man doit,
ollen geoen Awwetoit.

Leeg was flink de graute Schütel
un do gaff et oin Gestütel
un oin Tustern boi den Allen,
doch koin Nuiling kunn rächt schallen,
bis up oinmol oiner roip
mehen Baß seo gruaf un doip:
"Leeg de Täller, leeg de Platten,
wat man fratt, dat was ne Katten!"

De falske Tasken

Will de Minske mol verroisen,
lett hoi sick geot unnerwoisen.
Fränzken forr no Holland henne
un dat is oin widdet Enne.

Moime harr de Tasken proppet
un meh Roisesaken stoppet
un auk Strümpe, Sackdeok, Kamm,
moßten meh no Amsterdam.

Stücke iäten, Kaffedrinken
un teon Affschoid nau mol winken.
Hoi harr sick ne Tasken griepen
un haar döt do an teo schliepen.

Owends dänn in frümden Lanne
kamm de Franz nich rächt teo Ranne
un hoi make vuller Huapen,
frauhgemoet de Tasken uapen.

Öwwer Duiwel jo un Doiker,
inne Tasken würn mänt Boiker
Un hoi schenne ungeron,
hoi haar sick verflixt verdon.

Harr de falske Tasken griepen
un wat harr hoi mötten schliepen.
Auhne Sackdeok, Säpen, Kamm,
stund hoi niu in Amsterdam.

Sunndagmuargen

Ich gink oll an Muargen seo freoh in dat Holt
un wull moinen Üawermeot bannen,
do gaff mio dat Muargenraut Silwer un Gold,
dat henk do an Boiken un Dannen.

Do hengen de Pölle seo satt un seo vull,
ich wull do oll sachte dran stropen,
da schlaug moi dat Hiärte seo harre un dull,
et kunn nich dat Wunner begroipen.

Dat was doch seo wacker un wunnerschoin,
et riusken de Boiken un Birken,
in Hiemel do kunn et nich biäter soin
un schoiner auk nich inne Kirken.

Do moßte ick behen, da was ick teo Hius.
Den Heoht namm ick sacht inne Henne.
Seo galt moinen Hiärguatt voll Andacht moin Griuß
un frauh gink de Muargen teo Enne.

Dat Frohstücke

Jannes draug den Lokus iut,
manke Roiwe, manke Kriut,
balle was hoi oll in Dampe,
henge anne Lokusrampe,
annen allen morsken Plock,
soinen dicken Üawerrock.
Doch up oinmol gink et rumps
un dat Röcksken maket plums.

Jannes namm nen langen Staken,
fenk auk fortens an teo raken
un hoi sochte, wiek Malhör,
innen Plumpe hen un her.
Als ick kamm un sagg ne raken,
sagg ne soiken meh nen Staken,
frog ick ühn teo gloiken Stunne,
no den Soiken uppen Grunne.
Un hoi rake hen un her
un vertell moi soin Malhör.

Iuten Lokus, mehen Stock,
fiske hoi dänn soinen Rock.
Junge, seggt hoi, häw ick Glücke,
innen Rock sitt doh moin Stücke.

Et cetera p.p.

*Tüns harr de värzig üawerschrehn,
harr koine Fruggen mehekrehn,
doch oine was wall jümmer nett,
dat was det Nowers Lisebeth.
Doch Lisebeth was oist vernoinig
un nohers würn soi boide oinig.
Wat man nich ümmet Friggen doit,
de Wiäg non Paster was nich woit.
Als hoi vör den Härn Paster stund,
gaff hoi ne soine Wünske kund.
De alle Paster, nomens Riesel,
seggt kurt "Diu alle groise Iesel,
worümme wulst diu wall nau friggen,
gank henn un fank doch loiwer Müggen,
häst diu nau nich geneog teo waken,
wat wulst diu meh ne Fruggen maken!"
Tüns öwwer seggt: "Genau wie joi,
wat maket dänn de Köchin hoi?"
"Die Köchin", seggt de Paster dann,
die putzt und setzt das Essen an,
sie schrubbt und stopft und kocht mir Tee
und backt et cetera p.p.!"
"Halt in", fängt Tüns do an teo schriggen,
"darümme will ik juste friggen,
ick wustet nicht, herjemineh,
et hätt: et cetera p.p.!"*

De nigge Trecker

Franz harr dat Köggeduckern satt,
doch soine Fruggen, de sagg schwatt,
als hoi sick oinen Trecker kofte
un seo an biätre Dahe glofte.

De Trecker kamm, hoi sett sick drup,
forr uppen Lanne runn un rup,
mol richt, mol twiäs, de Eten schliepen,
hoi harr dat Fohern schnell begriepen.

Dat gink seo flink un make Spaß,
seo lank hoi uppen Lanne was.
Do forr hoi üawer Stock un Stoin,
meh Standgas auhne Führerschoin.

Doch Suargen make ühn dat Schallen,
dat Kuppeln, Bremsen und dat Hallen,
hoi uiwede den ganzen Dag,
bis datt et gink meh Woih und Ach.

Hoi forr no Hius in stillen Huapen,
de Fruggen holl de Döer uapen,
niu wull hoi woisen wat hoi kunn,
gaff Gas und forr de Diäle runn.

Roip harre "Brrr" O wiek Malhör,
forr fortens dör de Hinnerdör
un manke Späne, spillern und spriuten,
was hoi up oinmol wieher biuten.

De Verwässelunk

Oin Sunndagmuargen hell un blank,
vull Sunnenschoin un Klockenklank.
Et gingen up den Wehen
de Luie henn teon Behen.

Auk Kathrin, Nowerske von Jan,
treck sick den Sunndagsmantel an
un hastebassle, do et late,
in Hussassa iut öhre Kate.

Als Jan de Kathrin jachtern sagg,
seo upgeregt un hellewach,
frog hoi, seo stuer wie hoi was,
meh soinen doipen, gruawen Baß:

„Hest diu dat Frohstücken vergiäten?
Diu wullst niu wall boin Behen iäten!“
De Kathrin was verjaht un platt!
Diu loiwe Guatt, wat is dänn dat?!

Wie kümmet dänn, datt Guatt erbarm,
de Wustend unner moinen Arm?
Niu liggt, woil man seo jachtern mott,
dat Behebeok in Soppenpott!

De Summerfriske

Uppen Lanne hätt'se faken,
ob niu Biuer oder Diskler,
ümme'n bietken mähr teo raken,
teggen, twintig Summerfriskler.

Oinesdäls üm Geld teo maken,
annerndäls üm teo betahlen,
dänn et mott oin jeder waken,
süß werd man de Stuiern halen.

Just seo dachte Holtkampsbiuer
un auk soin runne Moime
un soi stünnen uppe Liuer,
ob dat städtske Volk auk koime.

Als et kamm, stund uppe Diske
Braut un Schmalt un Schmant un Butern,
Sülte, Mättwust, Schinken, Fiske,
koiner harr do wat teo nutern.

Oinesdags: "Herr Holtkampsbauer,
eines müssen wir doch rügen,
lästig sind uns auf die Dauer,
ihre Toilettenfliegen!"

Lot mänt, seggt dorup de Alle
un hoi gneofkere un lache,
Fräuleinchen, in diesem Falle,
ist das doch Berrechnungssache.

Gehn Sie kurz vorm Mittagessen,
dann braucht man vor Angst nicht schwitzen,
weil die Biester dann vermessen,
alle auf dem Pudding sitzen.

De Siupmichel

Hest diu ühne mol bekieken,
düssen Schlaut un Schlendrian?
Dag för Dag un olle Wieken,
süppet hoi sick oinen an.

Öwwer olle ganz getruggen,
Luie schmoitet ühne riut,
dänn teo Hiuse woit de Fruggen,
wall för Naut nich in un iut.

Hoi kann koine Moote hallen,
dat is auk soin Ungelück,
will hoi singen, mott hoi lallen,
jümmer is hoi dudeldick.

Kannst ühn mehen Knüppel miäten,
lank un twiäs un nau seo dull,
annerndags het hoi't vergiäten
un dänn is hoi wieher vull.

De Gnazerige

Hoi stürtet un jahet,
hoi knäpkert un gnahet
seo hiddern un wännig
üm entelen Pännig,
för Sinn un Gemoit
het hoi koine Toit.

Hoi rackert un schaffet
un grapset un raffet,
hoi quiält sick un anket
un stühnet un wanket
un jachtert un doit,
hoi het koine Toit.

Van freoh inne Uchte
bis owends boi Luchte
is hoi an regäntern
un fisematäntern.
Hoi werd nich geschoit,
hoi het koine Toit.

Seo wannert de Dahe,
wie Fälgen an Rahe,
up oinmaol, behenne,
is olles teo Enne,
de Iuher de stoiht!
Un dänn het hoi Toit!

Schau nur verträumt auf jene Jahre
verblichener Vergangenheit,
hol aus dem Unklaren das Klare
als Richtschnur für die neue Zeit.

Besinnliche Minuten

Von A bis Z

Wie auch der Mensch durchs Leben geht,
ihm geht es wie dem Alphabet.
Am Anfang steht das große A,
da liegt das Glück so zukunftsnah.

Er wandert durch die Jahre all,
hat Glück, mal kommt er auch zu Fall
und ist er angelangt beim Z,
legt er sich hin und stirbt im Bett.

Doch hat nicht jeder dieses Glück,
so mancher stolpert schon im Schlick
der so verflixten Diphtherie
und lebt somit nur bis zum I.

Ein andrer steht im Lebensmai
und schon geht es mit ihm vorbei,
denn sieh, ein Unglück schreitet schnell,
mithin kommt dieser nur zum L.

Der nächste hat das Mißgeschick,
wird zuckerkrank und auch zu dick,
er lebt Diät, Salat und Tee,
sie bringen ihn nur bis zum P.

Fröhnt einer seiner Leidenschaft,
hat sie ihn bald dahingerafft,
somit kommt er kaum bis zum Q,
da deckt ihn grüner Rasen zu.

Genügsamkeit in allem Tun,
bestimmte Zeit sich auszuruhn,
erhält den Menschen jung und nett
und führt ihn glücklich bis zum Z.

Die deutsche Sprache

Jedes Volk hat seine Sprache
von besondrer Eigenart,
selbst der Sperling auf dem Dache
hat sie erbgemäß bewahrt.

Nur der dumme deutsche Michel
schwärmt für das landfremde Wort,
östlich, unter Hammer, Sichel,
westlich, am Besatzungsort.

So entstand in ein paar Jahren
eine Sprache, die verseucht
unterm Einfluß fremder Scharen,
gar nicht mehr vom Deutschtum zeugt.

Gerne pocht man auf die Einheit
in der „Hohen Politik“,
doch wer spricht von Sprachenreinheit,
weiter rührt man in dem Schlick.

Kulturelle Sprachgesetze
hat man noch nicht eingeführt,
Wörter geistern durch die Sätze,
daß es einem übel wird.

Da liegt wohl im Zeitgeschehen
dieser große Selbstbetrug.
Neues Deutsch kann man verstehen
nur mit einem Wörterbuch!

Und ewig singt meine Seele

Und ewig singt meine Seele ihr Lied.
Wer wird ihre Weisen verstehn,
ein Wörtchen, das ihrer Tiefe entflieht,
schon wird es im Weltall vergehn.

Und ewig singt meine Seele ihr Lied
im Rhythmus der Traummelodie,
was war und was ist, was alles geschieht,
o frage mich nie nach dem Wie!

Deines Herzens Edelstein

Such den Himmel nicht vergebens.
Du weißt gar nicht, wo er thront,
weil der Himmel deines Lebens
tief in deinem Innern wohnt.

Laß ihn dir sich offenbaren
und des Lebens gold'ne Saat
schenkt dir in den reifen Jahren
Glück für deinen Lebenspfad.

Schließlich ruht erst im Erkennen
deines Glückes Widerschein,
und du siehst dann funkelnd brennen
deines Herzens Edelstein!

Gönne Dir Weile

Gönne dir Weile in traumstiller Stunde,
wandele sehend durchs Dunkel der Nacht,
wandele einsam mit schweigendem Munde
still wie des Himmels hell funkelnde Pracht.

Weite die Augen zum seligen Schauen,
schenke dem Nächsten ein wenig Gehör,
liebe die Heimat und grüß ihre Auen,
bade die Seele im blumigen Meer.

Laß auch die Sünde dem Menschengebilde,
Liebe heißt leben und Leben ist Kampf.
Führst du nur Feilschen und Schachern im Schilde
bleibt dir vom Leben nichts übrig als Kampf.

Träumereien

Wenn im stillen Morgengrauen
sich die Erde frisch belebt,
wenn auf die verschlaf'nen Auen
neues Leben niederschwebt,
hockt am Rain und allen Wegen
unsichtbarer Gottessegen.

Wenn im ersten Sonnenlichte
sich ein Panorama zeigt
und das Grün der jungen Fichte
tausend Edelsteinen gleicht,
leuchtend hell, auf Ried und Hagen,
wie von Zauberkraft getragen.

Wenn verträumte Menschen schweigen,
still, verhalten, tief bewegt,
wenn der Mücken Hochzeitsreigen
seliges Erwarten trägt
und es grünen erste Triebe,
dann erwacht die große Liebe.

Stille Wasser

Stille Wasser, dunkle Tiefen,
voller Tücke und gefährlich,
grad' als wenn Dämonen riefen,
bleibe fern, wir sind nicht ehrlich.

Stille Wasser gründen immer,
hier im Schlick und dort auf Breiten
und ihr Spiegel ist viel schlimmer
als ein sanftes Untergleiten.

Stilles Wasser, dunkle Tiefen,
sind ein Mahnmal, sind Furore,
sind wie ungeschriebne Briefe
und so tückisch wie die Moore.

Stille Wasser kannst du finden,
auch im Dschungel unser'rer Tage,
in dem Schlick und in den Gründen
dunkler Unterweltseetage.

Weisheit schenkte Gott den Greisen

Erst die Greise sehen weise,
Alter erst bringt Übersicht,
mit Erfahrung tritt ganz leise,
alles erst ins rechte Licht.

Weiser Rat kommt von den Alten
und die sitzen zu Gericht,
weil der Klugheit weises Walten
nicht so schnell den Stab zerbricht.

Immer ist es so gewesen,
immer schon von altersher:
Unrecht heilt kein grober Besen,
weise richten ist sehr schwer.

Auch schon Salomon der Weise
hatte einst in alter Zeit
um sich weise, kluge Greise.
Das hat heut' noch Gültigkeit.

Nur eine Handvoll Liebe

Nur eine Handvoll Liebe,
geschenkt zur rechten Zeit,
gibt Stärke im Ertragen
und lindert manches Leid.

Nur eine Handvoll Liebe,
so einfach, treu und schlicht,
gibt wieder Selbstvertrauen
und neues Lebenslicht.

Nur eine Handvoll Liebe
und sei sie noch so klein,
trägt in ein wundes Herze
doch wieder Sonnenschein.

Wenn menschliches Empfinden
noch gute Werke sät,
ist eine Handvoll Liebe
mehr wert als ein Gebet.

Seid nett zueinander

Seid nett zueinander
wo immer es geht,
geerntet wird immer
nur das, was man sät.

Seid nett zueinander
in jedem Betrieb,
gefällige Menschen
hat jedermann lieb.

Seid nett zueinander
im Straßenverkehr,
dann wird aus dem Werktag
ein Sonnentag mehr.

Seid nett zueinander,
wo immer es geht,
sei's heute, sei's morgen,
sonst ist es zu spät.

Eine kleine Melodie

Eine kleine Melodie
sollst du stets im Herzen tragen
wie ein Licht in dunkler Nacht,
wie das Glück an Frühlingstagen.

Eine kleine Melodie
laß in deiner Seele klingen
und der ganze Arbeitstag
wird ein fröhliches Vollbringen.

Eine kleine Melodie
hilft dir alles leichter tragen,
Neid und Haß und Ironie,
Streit, Verblendung und Entsagen.

Eine kleine Melodie
sei dir jeden Tag beschieden,
und sie schenkt zur Energie
dir den innerlichen Frieden.

Eine kleine Melodie
legt dir Gott in deine Kehle
und sie wird zum Spiegelbild
deines Herzens, deiner Seele.

Jugendzauber

Glücklich zog der Jugendzauber
wie ein Rausch an uns vorbei.
Heute sind wir alten Tauber,
nur noch eine Null im Mai.

Alles deucht uns wie ein Märchen
unterm grünen Maienbaum,
ach, es sind noch ein paar Jährchen,
dann ist alles wie ein Traum.

Dann ist das, was man erlebte
ein Erinnern an ein Glück,
das der Schicksalsfaden webte
einmal dünn und einmal dick.

Dann beginnt man abzubauen,
Frucht zu tragen in Geduld,
fremder werden uns die Frauen,
spöttisch wird der Freierskult.

Dann ist uns ein Schnäpschen lieber
und ein Gläschen kühles Bier,
unser Mut wird schwächer, trüber,
ruhig gehen wir im Gechirr.

Doch ein Etwas will erwachsen,
der Humor so wuchtig, breit
und wie einst die alten Sachsen
lieben wir Geselligkeit.

Lassen wir die Frauen plärren,
wir behaupten unser Feld,
Sechserböcke, alte Herren,
haben ihre eigene Welt.

Lied des Lebens

Horchend, lauschend, aus der Tiefe
brodelt's klangvoll, nimmermüde.
Sind es Verse? Sind es Briefe?
Worte formen sich zum Liede.

Worte formen sich zum Schicksal?
Nein das Schicksal formt die Worte,
formt die Melodie der Seele
und die stille Menschensorte.

Still und groß und stark, erhaben,
opferfreudig und entsagend,
formt zu Männern es die Knaben,
nicht nach Gut und Herkunft fragend.

Sprich zu den Sternen

Sprich zu den Sternen,
wenn Sorgen dich plagen,
sprich zu den fernen
im gleißenden Licht.
Sprich zu den Tieren,
sie helfen dir tragen,
aber den Menschen
erzähle es nicht.

Sprich zu den Bäumen
im schweigenden Hagen,
dort kannst du träumen,
trotz Not und Verzicht.
Sprich zu den Blumen,
sie helfen dir tragen,
aber den Menschen
erzähle es nicht.

Sprich zu den Ähren
im reifen Gewande,
sprich zu den Föhren,
wenn alles zerbricht.
Sprich zu den Blättern
im herbstlichen Lande,
aber den Spöttern
erzähle es nicht.

Entspannung

Spannung löst sich im Gelächter
doch ein Mißklang bleibt zurück,
denn der Geist, als stiller Wächter,
hört den Ton vom Mißgeschick.

Scherben

Jeder Tag ist eine Gabe,
ist ein göttliches Geschenk,
ist wie eine Seelenlabe,
guter Werke eingedenk.

Jeder Tag, der Scherben bringt,
schenkt auch neue Lehren
und wenn deine Seele ringt,
laß' sie still gewähren.

Schlepp die Scherben nur nicht mit,
laß sie achtlos liegen,
gib denselben einen Tritt
trotz der vielen Rügen.

Sonst verletzen Tag für Tag
sie dich immer wieder,
und des Lebens Ungemach
drückt dich hohnvoll nieder.

Das, was gestern noch geschah,
mußt du schnell begraben,
aus, vorbei, ist nicht mehr da,
kann dich nicht mehr haben.

Scherben bringen manchmal Glück,
denk' daran im Leben,
doch es kehrt kein Tag zurück
und das ist es eben.

Alles, was auf Erden lebt

Alles, was auf Erden lebt,
Freund, das ist es eben,
ob es kriecht und fliegt und schwebt,
alles hängt am Leben.

Und fürwahr das kleinste Tier,
auch die Laus der Reben,
jedes Wesen im Allhier
kämpft um's Überleben.

Doch was in den Sternen steht,
ist noch gleich geblieben,
alles kommt, entsteht und geht,
auch die Menschen, die sich lieben.

Dem Gesetz der Allnatur
kannst du nicht entweichen,
Gottes Hand stellt jede Uhr,
die der Armen, die der Reichen.

Zwischen Anfang und Ende

Zwischen Anfang und Ende
ein wandernder Schritt
über Höhen, durch Tiefen,
die Zeit wandert mit.

Zwischen Anfang und Ende
stehn Rosen am Rain
und das große Erleben,
so glücklich zu sein.

Zwischen Anfang und Ende
stehn Ernte und Brach,
vollbringen, ertragen,
manch Schicksalschlag.

Zwischen Anfang und Ende
ein Kampf um das Sein.
Und wir suchen einander
und bleiben allein!

Mensch und Baum

Mensch und Erde, Strauch und Baum,
alle brauchen Luft und Raum,
alle brauchen Sonnenschein,
Wind und Regen zum Gedeihn.

Strauch und Erde, Mensch und Baum,
gnomenhaft im Nebelflaum,
geisterhaft steh'n sie im Raum
wie in einem Märchentraum.

Menschen, Bäume, artverwandt,
alle brauchen Licht und Land,
Wärme, Liebe, Sonnenschein,
Wind und Regen zum Gedeihn.

Es kehrt kein Tag zurück

Es kommt stets anders als man denkt
und schnell entflieht das Glück.
Es kehrt kein Tag, den Gott uns schenkt,
für einmal noch zurück.

Und wenn du schwelgst im Glücklichsein,
hast du doch nie bedacht,
daß auch der schönste Sonnenschein
verschwindet über Nacht.

Und wisse, daß ein gutes Wort
und eine edle Tat,
verpflanzen sich im Beispiel fort,
in hundertfacher Saat.

Hat dich mal jemand hart gekränkt,
wünsch' ihm kein Mißgeschick,
es kehrt kein Tag, den Gott dir schenkt,
für einmal noch zurück.

Mensch ohne Zeit

Am Baum der Zeit ein kleines Blatt,
vom Schicksal hin und her getrieben.
Das ist der Mensch - und jeder hat
sein eigen Freud und Leid und Lieben.

Der Mensch von heute schafft und rafft,
bis er sich gänzlich aufgerieben.
Dann schaut er stumm, verbraucht, erschlafft
auf das, was übrig ihm geblieben.

Ein Nervenbündel ist er noch,
was nützen ihm Erholungskuren.
Ein Herzinfarkt, ein dunkles Loch
und Staub sind seine letzten Spuren.

Mensch ohne Zeit und Rast und Ruh,
dein Lebensweg ist kurz bemessen.
Die Jahre flieh'n - und schnell bist du
von Freund und Feind vergessen.

Nur eine Viertelstunde

Nur eine Viertelstunde
gönn' Ruhe dir am Tag,
mach bar dich aller Sorgen
und lieg ein wenig brach.

Nur eine Viertelstunde
werf von dir alle Last,
entspanne deinen Körper
und halt ein wenig Rast.

Nur eine Viertelstunde
heraus aus deinem Trott,
dann bist du wieder munter
und wohlgemut und flott.

Wenn die Menschen älter werden

Wenn die Menschen älter werden
und das Haar wird grau und licht,
wenn aus blanken, klugen Augen
lebende Erfahrung spricht,
steht am langen Lebenspfad
mancher gut gemeinte Rat.

Wenn die Menschen älter werden
und der Sturm hat sich gelegt,
wenn man dann mit Gleichgesinnten
gute Kameradschaft pflegt,
spricht man voll Zufriedenheit
gern von seiner Jugendzeit.

Wenn die Menschen älter werden
und besinnlich wird ihr Tun,
wenn die strapazierten Glieder
hin und wieder gerne ruh'n,
dann wird alles Zeitgescheh'n
in der Weisheit Blickfeld steh'n,.

Wenn die Menschen älter werden
und der Herbst am Tor sich zeigt,
wenn nach arbeitsreichem Wallen
sacht der Weg sich abwärts neigt,
weiß man, frei von allem Wahn,
man hat seine Pflicht getan

Die Uhr im Zeitgeschehen

Schnell eilt die Zeit
nach Uhr und Tag,
bringt Glück und Leid
und Freud und Schmach.

Und Stund um Stund
gehn Jahr um Jahr
die Zeiger rund,
es ist und war.

Die Zeit verfliegt,
wie Sturm und Wind,
noch liegt im Schoß
das kleine Kind.

Es wächst, wird groß,
wird grau und weiß,
des Menschen Los,
erst Kind, dann Greis.

Mensch in der Zeit,
ein Weilchen nur,
die Ewigkeit
kennt keine Uhr!

Es ist schon später als Du denkst

Zig Jahre stehst du schon im Leben,
um hier zu nehmen, dort zu geben
und schreitest klug und hilfsbereit
weit übers Zifferblatt der Zeit.
Du schaffst und raffst und eilst und drängst,
es ist schon später als du denkst!

Du willst noch, wie in jungen Jahren,
ein Stückchen Traumbild dir bewahren
und übersiehst, daß deine Kraft
das Wollen wirklich nicht mehr schafft,
das Können, Freund, verlor sich längst,
es ist schon später als du denkst!

Des Traumes letzte Hüllen fallen,
so geht es dir und mir und allen.
Beim einen will das Herz nicht mehr,
dem andern fällt das Atmen schwer.
Wohin du deinen Schritt auch lenkst,
es ist schon später als du denkst!

Humorvoll willst du überbrücken
des „letzten Drittels“ arge Tücken.
Es hält nur die Erinnerung
dein Dasein noch vermeintlich jung.
Wenn du auch forsch den Hut noch schwenkst,
es ist schon später als du denkst!

Schweig still mein Herz

Schweig still, mein Herz,
die Nacht ist nah,
sie kommt auf leichten Schwingen,
der Heimwehschmerz ist wieder da
und träumt von lieben Dingen.

Schweig still, mein Herz
es kommt die Zeit,
da wirst du nicht mehr bluten,
da tönt wie Erz,
so rein und weit
das Lied der ewig Guten.

Schweig still mein Herz,
es kommt ein Tag
der schenkt dir frohe Stunden
und himmelwärts
schwingt sich dein Schlag,
dann hast du heimgefunden.

Nacht ist umher

Nacht ist ringsum.
Wälder stehen stumm.
Mondeslicht fällt
silbern zur Welt.

Nacht ist ringsum.
Weiden stehen krumm
über dem Bach,
schauen mir nach.

Bächlein erzählt
freudig beseelt.
Erlen und Strauch
hören es auch.

Heimelnder Laut.
Dörflein schläft traut,
friedvoll und hehr.
Nacht ist umher.

Immer, wenn ein Sternlein fällt

Immer, wenn die Sterne glühn,
bist du traumbefangen,
immer, wenn Kometen sprühn,
bist du voll Verlangen.

Immer, wenn ein Sternlein fällt
aus dem All, dem weiten,
wird ein Wunsch aus dieser Welt
seinen Weg begleiten.

Wird der Wunsch wohl je erfüllt?
Schau, in jenen Weiten
thronen, für den Mensch verhüllt,
die Unendlichkeiten.

Ferne ohne Widerhall.
Weite ohne Ende.
Und die Bahnen hoch im All
lenken Gottes Hände.

Immer, wenn ein Sternlein fällt,
schau einmal nach innen
und die Sorgen dieser Welt
werden schnell zerrinnen.

Das Schwere ertragen
und nimmer verzagen,
sich weniger zieren,
Humor nicht verlieren.
Steif halten die Ohren,
sonst ist man verloren!

Unabänderliche Zeiten

Ein Tag, wie jeder and're,
tritt in die Welt hinein
und doch wird er ganz anders
als der von gestern sein.

Der eine wird geboren
bei hellem Sonnenschein
und schließt so traumverloren
viel Glück und Liebe ein.

Der nächste tritt verlegen
und zaghaft durch die Tür,
staubig von weiten Wegen,
ergeben wie ein Tier.

Ein and'rer kommt mit Regen,
mit Donner und mit Blitz
und tritt uns schon entgegen
grad' wie ein Hobelitz.

Der fünfte bringt uns Kälte
mit Schnee und hartem Wind,
er erntet viele Schelte
als eigensinnig Kind.

Und stets folgt ihm ein and'rer,
mal gütig und mal zart,
der Tag ist wie ein Wand'rer
von ganz besond'rer Art.

Zwei Wesen

Es unterscheiden sich in vielen
markanten Dingen und auch Zielen,
im Wachstum, Wesen, Klugheit und Zier,
der weise Mensch, das treue Tier.

Der Mensch ist Gottes Ebenbildnis!
Das Tier lebt teils noch in der Wildnis,
teils ist's vertraut und treu und zahm,
wo Güte ihm die Wildnis nahm.

Geduldig treu ertragen Tiere
gar oft die menschliche Willküre,
die, unbeherrscht und unbedacht,
so manches Unheil schon gebracht.

Gemeinsam läßt das Tier in Herden,
noch heute sich durch nichts gefährden,
die Menschen aber töten wild,
durch Massenmord, ihr Ebenbild.

Wenn nun, charakterlich gesehen,
die zwei weit auseinanderstehen,
trägt Schuld daran im Lauf der Zeit
die menschliche Verworfenheit!

... doch die Sterne lügen nicht ...

Wenn die Menschen ratlos werden
und die Wahrheit drängt zum Licht,
sagen Dir die Horoskope
das, woran es Dir gebricht.

Aus der unerforschten Ferne
steigt ein neues Hoffen auf,
aus dem großen Sternenmeere
liest man Deinen Lebenslauf.

Liest man Glück- und Schicksalstage
oder auch die Lebenszeit,
liest man von der Liebesfrage
und der Hoffnungslosigkeit.

Alles ist ein Traumgebilde.
Wunschgemäß wird es serviert.
Wird jedoch der Traum zerschlagen,
hat der Schreiber sich geirrt!

Alles ist wie einst geblieben,
Sterne und das Sonnenlicht,
auch die Menschen, die sich lieben,
doch ... die Sterne lügen nicht!

Philosophie

Alles was im Raum der Seele
ewig loht, so groß und weit,
ist ein Blick ins Uferlose
und in die Unendlichkeit.

Ist ein ewig neues Sprießen,
ist ein Kommen und ein Gehn,
ist ein stilles, liebes Grüßen,
voller Hoffnung und so schön.

Ist ein Wandern durch die Meilen
in dem weiten Weltenraum,
ist ein Singen und ein Weilen
bei der Seele Wundertraum.

Auf neuen Wegen

Auf neuen Wegen hockt das Glück
und schaut dir froh entgegen,
weis' nur nicht seine Hand zurück,
du mußt dich nur bewegen.

Greif mit den Händen kräftig zu,
auf Brechen oder Biegen,
nicht Dornen vergewaltigst du,
die laß nur abseits liegen.

Auch wenn die Nessel dich mal brennt,
darfst du nicht gleich verzagen,
greif nur hinein, denn wer sie kennt,
kann sie auf Händen tragen.

Auf neuen Wegen fasse Mut,
doch ohne Tand und Fahnen,
es läuft des Schicksals Wagen gut
auf neu erstellten Bahnen.

Gehst du auch deinen Weg allein,
laß dich nie unterkriegen,
du mußt nur klug und weise sein,
dann wirst du immer siegen.

Des Menschen Los

Enttäuschung wird dir oft zuteil,
schnell stellt man tückisch dir ein Bein,
der Weg des Lebens, dornig, steil,
bringt dir so manche Lehre ein.

Hat das Schicksal dich geschlagen,
darfst du dich nicht wild gebärden,
würdevoll sein Kreuz zu tragen,
ist des Menschen Los auf Erden.

Ein Paradies auf Erden

Es gibt ein Paradies auf Erden
und mancher hat es sich erträumt,
wir würden alle Engel werden
auf hohen Rossen, ungezäumt.

Wie wärest du denn wohl zufrieden
mit einem steten Glücklichsein,
es wär' des Menschen Los hinieden,
ein täglich eitler Sonnenschein.

Das wär' das Paradies auf Erden,
das jedermann sich still ersehnt,
die Menschen würden, wie in Herden,
von Langeweile bald verwöhnt.

Ein Mensch benötigt Zweck und Ziele
auf einem Weg, der ihm gebührt,
und sei's nur mit dem Federkiele,
auf daß sein Geist die Feder führt.

So wird die Welt zum Paradiese,
der Geist lenkt dann das Zeitgescheh'n,
es ist die beste Analyse
das gute menschliche Versteh'n.

Es wird ein Paradies auf Erden
in jedem Lande möglich sein,
wenn Menschen erst zu Menschen werden,
wird Liebe auch zum Meilenstein.

Kleinigkeiten

Sorg dich nicht um Kleinigkeiten,
stolpere nicht über sie,
jede ist voll Sonderheiten,
voller Freude, voller Müh.

Selbst die kleinen Angebinde
strahlen etwas Güte aus
und eine kleine Musensünde
hat jedermann in seinem Haus.

Wenn Dich die Sorgen plagen

Denke nie, es geht nicht mehr,
wenn dich Sorgen plagen,
deucht die Last dir noch so schwer,
hilft dir doch kein Klagen.

Einmal dringt ein Sonnenstrahl
wieder hell ins Zimmer,
dann vergißt du deine Qual
und dann klagst du nimmer.

Glückverheißend lacht der Tag,
froh wird dir zumute,
und des Lebens Ungemach
wendet sich ins Gute.

Darum trag die Sorgen still,
übe dich im Schweigen
und des Lebens Ungebill
wird sich vor dir neigen!

An allem wirst du reifen

Heute, morgen, immer wieder,
kannst du alle Welt durchstreifen,
einmal auf und einmal nieder
und an allem wirst du reifen.

Wandle tausend fremde Wege,
übe dich im großen Schweigen,
doch des Bussards Brutgelege
thront für dich zu hoch auf Zweigen.

Denn das Leben schreibt Geschichten,
auch über die bedrohten Arten,
schützt sie vor den Bösewichten
und spielt mit verdeckten Karten.

Laß sie alle friedlich leben,
Du kannst auch Partei ergreifen,
lieber Freund, das ist es eben,
denn an allem wirst du reifen.

Herzensbildung

Herzensbildung, zarte Blüte,
Talisman und Edelstein,
hilfsbereit und voller Güte,
einer Seele Widerschein.

Eine Bildung, anerzogen,
wie man so zu sagen pflegt,
ist der Grundstein der Gesellschaft,
die den Namen Menschheit trägt.

Oftmals schon beim Trinkgelage
ist die Bildung dünn gesät,
weil das Zünglein an der Waage
dann auf Null und Minus steht.

Einbildung nährt sich vom Protze
und von Wichtigtuerei
und das Volk sagt, daß ihr Träger
geistig minderwertig sei.

Herzensbildung ist ein Erbgut,
ein von Gott geschenktes Lehen,
seine Träger werden immer
würdevoll im Leben stehen.

All die kleinen Dinge

Die kleinen und die großen Dinge,
die täglich uns zur Seite stehen
sie sind wie gold'ne Freundschaftsringe,
wie ein gottgesandtes Lehen.

Die Welt ist immer noch voll Wunder,
du kannst dich winden oder drehen,
denn unter tausend Menschenkindern
sind stets ein paar, die dich verstehen.

Das sind dir Freunde! voller Güte,
die Handvoll Liebe stets dabei,
sie sind in deinem Traumgemüte
so selten wie ein Kuckucksei.

Du kannst wohl herzlich Danke sagen,
denn über mehr verfügst du nicht,
weil diese Mär, vom Traum getragen,
aus jeglichem Gedichte spricht.

Ode an den Tag

Ein jeder Tag, den Gott dir schenkt,
birgt eine große Gnade
und Gottes heil'ger Odem lenkt
auch deine Lebenspfade.

Mag auch der Körper sündig sein,
das liegt im Menschenblute,
doch in der Seele Sonnenschein
thront würdevoll das Gute.

Still reift es aus dem Lauf der Zeit
und rückt in linder Welle
hinauf zu froher Seligkeit
wie sommerliche Helle.

Und gabest du dein Bestes hin
zum Wohle deiner Lieben,
dann ist ein göttlicher Gewinn
dein schönster Lohn geblieben.

Ein kleines Wort

Es hat kein Maß,
es hat kein Ziel,
ein kleines Wort,
es heißt "zuviel".

Und läßt du dieses kleine Wort
tagtäglich voller Einsicht fort,
dann wirst du vor dir selbst bestehen
und kannst beglückt durchs Leben gehen.

Denn ein "Zuviel" ist stets vonnöten
beim Essen und auch beim "Verlöten"
und zuviel Arbeit, zuviel Lieben
hat manchen von uns aufgerieben.

Mit zuviel Freizeit, zuviel Geld
so mancher ins Verderben fällt.
Drum halte Maß an allen Tagen,
dann hast du keinen Grund zum Klagen.

Rückblick

Ernst denkt man über alles nach,
still schaut man dann nach innen,
wie mit der Zeit das Ungemach
und Träume schnell verrinnen.

Wie wechselhaft das Dasein ist,
wie Wünsche schnell zerfließen
wie der Mensch oft zag und trist
das Leben will genießen.

Reichtum ist in jedem Ding,
im Hoffen und im Schweigen,
jedoch die Wahrheit ist gering,
mach du sie dir zu eigen.

Tausend Jahre wie ein Tag

Wie ein Tag sind tausend Jahre
in dem Lauf der Ewigkeit,
was bleibt da von Pomp und Bahre,
von Entsagung, Lust und Leid.

Mögen Menschen edel handeln
und den Herrgott benedein,
es wird keiner, die hier wandeln,
ohne Fehl und Sünde sein.

Menschlich ist, was angeboren,
uns an Schwächen ruht im Blut,
behüte es vor dem Rumoren
ausgelass'ner wilder Flut.

Wer von uns ist ohne Sünde,
wenn er hart ein Urteil fällt,
wenn des Schicksals Angebinde
eines Menschen Traum zerschellt.

Neben tausend Alltagspflichten
stehen Freude, Lust und Not,
Leid, Entsagen und Verzichten
und das göttliche Gebot.

Deshalb liebe stets das Klare,
nutze deine kurze Zeit,
wie ein Tag sind tausend Jahre
in dem Lauf der Ewigkeit.

Es nützt kein Zetern und Gejammer
und formt das Leid dein Herz zum Stein,
du darfst im Leben wohl der Hammer
doch nimmermehr der Amboß sein.

Charakterstudien ... Wesenszüge

Menschen

Menschenkinder sind Gestalten,
die erblühen und veralten
in dem Lauf der Ewigkeit.
Grundverschiedene Gemüter,
Haß und Neid um Erdengüter,
die gebären alles Leid.

Glücklich lebt man und zufrieden
mit den größten Unterschieden,
tausendfach in ihrer Zahl.
Selbsterziehung, Seelengröße
zeigen dir die eigne Blöße,
machen dich zum Ideal.

Wenn die Zeiten sich auch drehen,
Menschen, die sich nicht verstehen,
zehren sich von selber auf.
Und bei allem Unglück immer
hört man klagendes Gewimmer
von der Zeiten schlechtem Lauf.

Jedes Menschen Ruhekissen
ist ein ehrliches Gewissen.
Wie die Handlung sein Gesicht.
Der Charakter ist verschieden,
einmal streithaft, mal zufrieden
und die Rune sein Gericht.

Lebensweg

Es reift ein Jüngling bald zum Manne,
groß kräftig, schlank wie eine Tanne,
flink, wendig bleibt er durch den Sport,
wird ideal durch Schrift und Wort.

Jedoch sein Weg ist niemals eben,
bald stellt das Schicksal ihm die Gräben,
rau, grob und tief, mal grad, mal schief,
mal sperren Furchen seine Bahn.

Er sieht sie, kämpft dagegen an,
das reift den Mann, das macht ihn hart
und sieh, schon wird der Flaum zum Bart.
Ganz sachte flieht das Ideal,
er handelt männlich und real,
das weiche Jungenherz verschwindet,
er trotzt und kämpft und überwindet.

Der leichte Sinn verdampft, verfliegt,
das Männliche erwacht und siegt.
Die Schultern gehen in die Breite,
der Umfang nimmt noch zu an Weite,
jetzt zieh den Schlußstrich und vergleiche -
das Leben formte ihn zur Eiche.

Gesetz des Blutes

Viele Völker nährt die Erde,
Menschen trägt sie Millionen,
deren Sein Erfüllung werde
haftend an den Religionen.

Hier an das Gesetz gebunden
ganz nach Brauch und Landessitte,
für die Kranken und Gesunden,
bei der Drohung steht die Bitte.

Hier das Hassen, dort das Lieben,
hier der Fluch und dort das Lohnen,
je nachdem, wie mans getrieben,
wo und wie die Götter thronen.

Für die Sehenden und Blinden,
für die Hörenden und Tauben,
stehn bei guter Tat die Sünden
und beim Fluch der Gottesglauben.

Hier freiwillig, dort das Müssen,
je nach des Gesetzes Willen,
kann das menschliche Gewissen
dieses halten, das erfüllen?

Hier die eingegangnen Pflichten,
dort die Urnatur der Triebe,
beide mit den Schwergewichten
der Entsagung und der Liebe.

Darf der Mensch sich selbst verneinen,
dann verneint er auch das Leben
und dann muß er das beweinen,
was Gott selber ihm gegeben.

Dieser Widerspruch ist Sünde.
Doch du darfst kein Urteil fällen,
denn des Lebens Angebinde
wird dir manches Rätsel stellen.

Arm und Reich

Im Leben geht es seltsam zu.
Oft spielt das Schicksal Blindekuh
und mancher Mensch, der dir begegnet,
ist reich an Erdengut gesegnet.

Jedoch, was heißt schon arm, was reich,
besinne dich, mein Freund und schweig.
Arm ist reich und reich ist arm,
nicht jedes Kleid sitzt gut und warm.

Die Biene, wenn sie böse wird,
hat auf dein Tun gleich reagiert,
sie summt, sticht zu, verteidigt sich.
Du staunst, denn sie beleidigt dich.

So geht es auch im Leben zu.
Mein lieber Freund, was neidest du?
Denn wer besitzt, das merk dir gleich,
ist kummer- und auch sorgenreich.

Wer arm ist, hat nichts zu verwalten,
hat nichts zu hüten und zu halten,
ist innen ausgeglichen, reich,
drum sei zufrieden, Freund und schweig.

Unter einem greisen Haupte

Unter einem greisen Haupte
thront der Weisheit lichter Schein,
spiegelt sich im Antlitz wieder,
gipfelt im Zufriedensein.

Unter einem greisen Haupte
hockt das Leben wie ein Tag,
es erzählt von Glück und Frieden,
von Leiden und vom Schicksalsschlag.

Unter einem greisen Haupte
blüht des Lebens gold'ne Saat,
es schenkt dir und mir und andern
manchen wohlgemeinten Rat.

Unter einem greisen Haupte
liegt das Buch des Lebens auf,
Schicksal schrieb die fetten Zeilen,
aber Gott den Lebenslauf!

Freunde

Glaubst du einen Freund zu haben,
der dir immer wohlgesinnt,
prüfe ihn auf Herz und Nieren
und vertraue ihm nicht blind.

Glaubst du einen Freund zu haben,
der für dich durchs Feuer geht,
der in einer schweren Stunde
helfend dir zur Seite steht.

Alle sind sie Egoisten,
kämpfend um ihr Wohl und Sein.
Schau dich um, in schwerer Stunde
stehst du wieder ganz allein.

Bist du selbst einmal in Nöten
sind die guten Freunde tot,
lehrt die Not den Menschen beten,
hilf dir selbst, so hilft dir Gott.

Hab so manchen Freund besessen,
hab so manchem blind vertraut,
hat so mancher unterdessen
tief in mich hinein geschaut.

Und er sah mein tiefes Denken,
all mein Grüßen und mein Lieben,
sah mein stilles, stummes Schenken
und auch das, was ich geschrieben.

Als mir dann des Schicksals Tücke
meine größte Wunde schlug,
ging ich freund- und gottverlassen
hinter Egge, Pferd und Pflug.

Die sonst meine Freunde waren
schlugen rücklings auf mich ein,
hohnvoll lächelnd hinterm Rücken
formten sie mein Herz zu Stein.

Als ich mich dann durchgerungen
durch das übergroße Leid,
glaubten diese Lugbereiten
hätten sie für mich wohl Zeit.

Schweigsam hab ich übergangen
dies verratbeschmutzte Pack,
und ich ließ sie achtlos liegen
wie der Sturm des Schiffes Wrack.

Menschenkinder

Menschenkinder gleichen Namens
Meier, Schulze, Müller, Sander,
Sprößlinge von Adams Samen,
laufen alle durcheinander.

Bäcker, Schuster, Müller, Schneider,
Menschen jeder Altersstufe,
ob sie reich, ob Hungerleider,
etwas sind sie von Berufe.

Einer fleißig und solide
und der andre faul und träge,
viele sind auch ewig müde,
wandeln schlafend ihre Wege.

Alles liegt am guten Willen
und an dem Sichdurchzusetzen,
tätig sein um zu erfüllen
ist eines von den Grundgesetzen.

Von Natur aus Talentierte
haben leicht das zu bezwingen,
aber einmal „Umquartierte"
tragen schwerer an den Dingen.

Denn sie müssen ohne Gaben
der Natur ihr Werk vollbringen,
hier das Soll und dort das Haben,
hier der Zwang und dort die Schwingen.

Werke aus dem Ärmel schütteln,
dazu sind die von Gott berufen.
Mögen Menschen daran rütteln,
wenn Unsterbliches sie schufen.

Das sind Menschen, die nie sterben,
deren Seelen ewig leben,
fallen Welten auch in Scherben,
du mußt stets dein Bestes geben.

Fällt vom Himmel auch kein Meister,
wer begabt ist, muß auch wollen,
denn die talentierten Geister
schaffen niemals, was sie sollen.

Gute Freunde

Gute Freunde sind wie Stützen
in der wildbewegten Welt,
die uns lenken, die uns schützen,
wenn man strauchelt oder fällt.

Gute Freunde sind so selten
und sie sind wie ein Garant,
ohne Murren und zu schelten
halten sie dich an der Hand.

Ihre Art, ihr Tun und Lassen,
klug und weise jederzeit,
kann ein Weiser nur erfassen,
immer sind sie hilfsbereit.

Immer sind sie voller Güte,
frohgemut und liebevoll,
wie der Rose zarte Blüte,
und das finde ich so toll!

Wenn die Menschen älter werden,
stehn sie oft im Rampenlicht,
doch ein guter Freund auf Erden
ist wohl mehr als ein Gedicht.

Mutter

Was liegt in diesem Wort so klein
für Glück und Seligkeit,
was schließt dies Wort an Liebe ein,
an Sorge und an Leid.

Wie inhaltsreich, der Worte Klang,
welch' eine Melodie,
du zehrst daran ein Leben lang,
vergessen wirst du's nie.

Flügge Kinder

Wenn die Kinder flügge werden,
wenn sie ihre Eltern flachsen,
sind sie dir, mein Lieber,
längst schon über'n Kopf gewachsen.

Wenn die Kinder flügge werden,
fordern sie auch ihre Rechte,
aus den Kindern werden Leute,
kleine Sünder und Gerechte.

Jedes hat sein Eigenleben
und da hilft auch kein Verzagen,
lieber Freund, das ist es eben,
große Kinder, große Plagen.

Doch mit klugem, guten Willen
reiche ihnen beide Hände,
ein paar gute Worte stillen
jähen Ausbruchs wilde Bände.

Eine kleine Handvoll Liebe
ist da wie ein Osterfeuer,
statt der Worte etwas Güte
und die ist auch heut' nicht teuer.

Gegenseitiges Vertrauen
und die Achtung voreinander,
bringen doch, statt Streit zu schüren,
stets ein gutes Miteinander!

Kinderaugen

Kinderaugen, blitzeblank,
voller Sonne und voll Sang,
himmelblau und kaffeebraun,
wie zwei Kirschen anzuschaun.

Kinderaugen, übergut,
blicken voller Übermut,
leuchten wie ein Born so rein,
wer kann ihnen ungut sein?

Kinderaugen, nah und ferne,
leuchten grad wie goldne Sterne,
ohne Sorgen, ohne Tücke,
was man sieht, ist lauter Glücke!

Verführerisches Weib

Funkelnde Augen
wie feurige Glut,
blinkende Zähne
und siedendes Blut.

Wiegende Hüften
im tänzelnden Schritt,
die Kleidung immer
nach neuestem Schnitt.

Der Busen halbnackend,
ein Kettchen am Hals,
das ist sie, die packend
dich ladet zur Balz.

Ein Duft , dich betäubend,
umrauscht ihren Leib,
das ist sie, die Eva,
das sinnliche Weib!

Der Querulant

*Es gibt der Menschen viele,
die froh durchs Leben gehn,
die mit und ohne Schwiele
sich immer gut verstehn.*

*Doch leider immer wieder
trifft man den Querulant,
er tritt die Bildung nieder
und weist sie von der Hand.*

*Man trifft ihn im Lokale,
erkennt ihn schon am Ton
stets steht der "Radikale"
in Opposition.*

*Stehn zwanzig gegen einen,
behauptet er sein Recht,
wie hier, so bei den Seinen,
die andern sind nur Knecht.*

Er prunkt mit seinem Können,
er protzt mit seinem Stand,
so lernst auch du ihn kennen
als großen Querulant.

Du kannst ihn nicht belehren
auch wenn er mit dir zecht,
er ist auch beim Verzehren
des Eigensinnes Knecht.

Mit protzenden Allüren
fühlt er sich wie ein Gott,
erst Schicksalsschläge führen
auch ihn mal zum Schafott!

Schmeißfliegen

Kommt irgendwo, gleich wie und wann,
ein Menschenkind zu Ehren,
weil er was schafft, weil er was kann,
schon will man's ihm verwehren.

Es gibt der Menschen vielerlei,
die einen spintisieren,
und andere sind schnell dabei,
alles zu kritisieren.

Wie dem auch sei, der rechte Ton,
zeigt Edles im Gemüte,
doch Kurzsicht, Häme oder Hohn,
sind mies und ohne Güte.

Wenn mit Intrigen, Mißgunst, Neid
die Spötter dich beehren,
laß, Herr mit der Verworfenheit,
sie sich zum Teufel scheren.

Kontraste

Recht tugendhaft sind Ideale,
doch weiter kommt stets der Reale,
denn ausschlaggebend in der Welt
ist der Besitz von Gut und Geld.
Der Reiche hat es auch recht schwer,
denn wer besitzt, will immer mehr.

Wer nichts besitzt, hat nichts zu sagen,
ihm fehlen ja die Unterlagen.
Abhängig ist von seinem Können,
die Achtung, die ihm and're gönnen.
Indes der Prasser, bacchushaft,
durchtrieben es auch anders schafft.

Weil er es meisterlich versteht,
wie man das Korn der andern mäht.
Er schlüpft durch des Gesetzes Masche,
füllt weiter die schon pralle Tasche
und schlitzt, mit dem Gesetz vertraut,
sich Riemen nur aus fremder Haut.

Derweil das Christentum der Tat
verlassen steht am Lebenspfad,
wo es, auf sich allein gestellt,
die große Opferschale hält,
in die bei Tag und Tau und Wind
so manche bittre Zähre rinnt!

Die Kompromißlosen

*Kenntauch dein Herz den Unterschied
vom freien Diskutieren,
doch immer ist's das gleiche Lied,
die Gegner lamentieren.*

*Ein jeder will im Rechte sein,
hält sich für weiser, klüger
und sieht doch nicht den falschen Schein
der Henker und Betrüger.*

*Ihr Galgenvogel - Angesicht
fährt dir in die Parade
und was aus ihrer Ohnmacht spricht,
ist nie und nimmer Gnade.*

*Wer so den Menschen Unrecht tut
mit bissigen Gebärden,
der zählt wohl mit zur großen Brut
Mephistos hier auf Erden.*

*Es ist uns längst nicht einerlei,
wer eine Bombe zündet
und wer mit soviel Heuchelei
dazu bereit sich findet.*

Was sagt uns der Verstand
zu solchen irren Taten?
Der Täter kennt kein Vaterland
und keine eig'nen Katen.

Gemeinheit lockt ihn aus dem Loch
in dem er sich verborgen,
Verworfenheit wird noch und noch
für großes Unrecht sorgen.

Was das an Elend nach sich zieht,
ist gar nicht zu ergründen,
solch' mieser Typ hat kein Gemüt,
lebt gottlos und in Sünden.

So leben sie tagaus, tagein,
sie haben kein Gewissen
und kennen nur den falschen Schein,
verschlagen und gerissen.

Teuflische Machenschaften

Die Pläne der teuflischen Brüder,
voll hinterlistiger Macht,
sie walzen alles nieder
in einer einzigen Nacht.

Die bösen Geister rumoren
von Höllenhunden verbellt.
So vieles geht uns da verloren,
weil keiner die Burschen mehr stellt.

Diese Gewalten zerstören,
was Jahrmillionen erbaut,
zerschlagen das ewige Währen,
vernichten den menschlichen Lauf.

Atomisieren Planeten
mit teuflischer Brutalität
und die guten Menschen, sie beten,
doch meistens ist es zu spät.

Wenn der Terror wütet

Der Terror wütet weit und breit,
totzdem geht diese Welt nicht unter,
das Unrecht, das zum Himmel schreit,
stürzt blutigrot den Berg hinunter.

Es hinterläßt den Menschen nur
den Gipfel der gemeinen Taten,
von Tätern fehlt noch jede Spur
und hier beginnt das Rätselraten.

Voll Feigheit, voller Hinterlist
geht Lumperei zu Werke,
so, daß sie nicht zu fassen ist,
das ist die große Stärke.

Mit Tagen der Unmenschlichkeit
bereitet man der Welt Verderben,
mit Elend, Tod und großem Leid,
dazu ein Haufen Scherben.

Mephistos Brut der Unterwelt
verängstigt Millionen,
mal hier, mal dort, in aller Welt,
bei allen Nationen.

Keiner kann die Not dir lindern,
sie muß überstanden sein.
Schicksalsmacht darf dich nicht hindern,
stets ein großer Mensch zu sein.

Schwere Zeiten ... kritische Stunden

An schweren Tagen

Warum willst du an schweren Tagen
nach Antwort heischen auf dein Fragen.
Weshalb? Wofür? Wozu? Warum?
Du fragst die Welt, doch sie bleibt stumm!

Still blutet deine Seele leer,
was sie erträgt, ist überschwer.
Sie kann nur sinnen, lauschen
dem leiderfüllten Rauschen,
das meeresgleich, so hoch und tief,
dich hin zu deinem Schöpfer rief.

Vielleicht wirst du den Ruf verstehen,
wirst einmal andre Pfade gehen
und siehst, geläutert durch den Schlag
das Schöne erst am nächsten Tag.

Verzage nicht

Ist einer da, der dich noch mag
und hat für dich noch Zeit,
verzage nicht beim Schicksalsschlag
in Opfergang und Leid.

Ist einer da, der zu dir hält,
dann trägst du nicht so schwer,
dann ist die hasterfüllte Welt
nicht mehr so liebeleer.

Ist einer da, der mit dir schafft,
dann kannst du glücklich sein,
er legt dir wieder neue Kraft
ins wunde Herz hinein.

Ist einer da, der mit dir geht
durch Sorgen und Verzicht,
ist einer noch, der zu dir steht,
oh, dann verzage nicht!

Nur ein Stück Brot

Liegt irgendwo am Wegesrand
ein kleines Stückchen Brot,
vielleicht warf eine Kinderhand
es leichthin in den Kot.

Von tausend, die vorübergehn,
hat mancher es erblickt,
von tausend, die es liegen sehn,
hat keiner sich gebückt.

Da kommt am Stock des Wegs allein,
schon krumm, ergraut und taub,
ein zitternd altes Mütterlein
und hebt es aus dem Staub.

Es hält das Brot in welker Hand,
zertreten und bestaubt
und schüttelt stumm am Wegesrand
ihr greises weises Haupt.

Weil es um all die Arbeit weiß,
um Bangen, Angst und Not,
um Sorgen, Mühsal und den Schweiß
für solch ein Stückchen Brot.

Jeder, der in's Dunkle fällt

Jeder, der in's Dunkle fällt,
muß sich wacker sputen,
daß man ihm kein Beinchen stellt,
sonst wird er verbluten.

Jeder, der in's Dunkle fällt,
spitze seine Ohren
und die Wachsamkeit erhält
das, was sonst verloren.

Jeder, der in's Dunkle fällt,
muß sich doppelt mühen,
den Intrigen dieser Welt
eiligst zu entfliehen.

Jeden, der im Dunklen steht,
zieht es hin zum Lichte
und wohin die Sonne geht,
sagt der Stamm der Fichte.

Kampf des Lebens

*Menschen leben beieinander,
nebenein- und durcheinander,
jedermann mit eigner Grille,
kluge, weise, laute, stille,
gute, schlechte und reale,
böse, fromme, ideale,
nur der Unterschied ist der,
wer Besitz hat, will noch mehr!
So entsteht im Lauf der Zeit
dumme Überheblichkeit.
Ausschlaggebend ist das Können,
edler Herkunft ist das Gönnen,
zeigt sich doch im schweren Leid,
stets der Gute hilfsbereit.
Doch viel Leid und zages Bangen
liegt im bösen Unterfangen,
wenn die Menschen, die sich kennen,
gegenseitig sich nichts gönnen.
Zur Entschuldigung des Strebens
nennen sie es "Kampf des Lebens".
Eines Tages, irgendwann,
bricht dann kurzerhand der Bann
irgendwo, bei Nacht, bei Tag,
tut es einen dumpfen Schlag.
Polternd schlägt der Deckel zu,
jetzt erst kommt der Mensch zur Ruh!*

Wahrheiten

Was du willst und was du möchtest
liegt im Leben ewig fern,
doch der Wert in deinem Innern
trägt des Wunsches tiefsten Kern.

Bist du äußerlich auch grantig
und im Innern lieb und gut,
ewig währt das immer Gute,
das in deiner Seele ruht.

Laß die andern dich verleumden,
daß sie einen Strick dir dreh'n,
einmal wird die Wahrheit siegreich
auch an deiner Seite stehn.

Und die Geier warten schon

Kommt ein Mensch, ganz unerwartet,
folgenschwer in große Not,
ist die Zukunft für ihn bitter
und dann ißt er trocken Brot.

Und mit starkem Arbeitswillen
lebt er von dem kargen Lohn,
er will seine Pflicht erfüllen,
doch die Geier warten schon.

Sie erspähen den Kadaver,
flugs sind sie auch schon dabei
machen schrecklich viel Palaver
und ein hungriges Geschrei.

Alle diese flachen Toren,
deren böser Geist da spricht,
haben Anstand längst verloren,
wenn ein Mensch zusammenbricht.

Die Verleumdung

Du weißt nicht, wie man dazu kam,
dir so etwas anzuhängen
und machtlos hängst du, voller Gram,
in des Verleumders Fängen.

Aus Schlechtigkeit, aus Haß und Neid
hat man's dir angetragen
und Dummheit hält sich stets bereit,
den Brei recht breit zu schlagen.

Du möchtest solches Mundwerk roh
mit flacher Hand verpfropfen,
doch wächst nicht soviel Heu und Stroh,
jedweden Mund zu stopfen.

Wohl kannst du weise im Gedicht
wie Wilhelm Weber sagen:
"Die schlecht'sten Früchte sind es nicht,
woran die Wespen nagen!"

Das falsche Wort

Wie leicht ist es dahingesagt,
ein kleines, falsches Wort,
schnell eilt es, eh' es wieder tagt,
als Strom von Ort zu Ort.

Wie wiegt ein falsches Wort so schwer,
voll Hohn und Mißgeschick,
es spielt mit Ruf und Gunst und Ehr,
man holt es nie zurück.

Es wälzt sich fort, lawinengleich,
voll Elend, voller Not
und bricht mit Leichtigkeit den Deich,
der Einhalt ihm gebot.

Zerschlägt wild, lüstern über Nacht
so manches Lebensglück.
Das hat ein falsches Wort vollbracht,
nie holt man es zurück!

Tragik

Tragisch sagen viele Menschen, sei sehr oft des Schicksals Lauf,
doch wer hält von allen diesen, selbstbewußt das Schicksal auf?

Alle schmieden sie es selber, ihres Lebens Glück und Pech,
doch der Tod zählt nicht zum Schicksal, der holt sowieso uns weg.

Heute, morgen oder später, wenn man's auch nicht gerne mag,
denn das Müssen ist Bedingung, aber nicht ein Ungemach.

Alles andre ist im Leben Menschenwerk und Willenskraft,
wenn das Wollen und das Können gut am eignen Schicksal schafft.

Mürrisch sein und unzufrieden, trotz der großen, freien Bahn,
können nur die Faulen, Trägen oder großen Schlendriane.

Denn der Weise, emsig schaffend, liebt vor allem den Humor,
um des Lebens Kampf zu meistern, damit steigt er auch empor.

So nur kann aus ihm was werden, wenn er, was er will, bezwingt,
unnachgiebig muß er schaffen, bis sein Werk vollauf gelingt.

Rigoros ist diese Welt

Alle, die da hungrig sind
in der weiten Welt,
deren Ruf so weh' und blind
aus der Ferne gellt.

Alle schreien sie nach Brot
in der Dritten Welt
und so viele leiden Not,
doch ihr Schrei zerschellt.

Und die Welt voll Unverstand,
stellt sich taub und blind,
weil so viele bis zum Rand
überfressen sind.

Keiner spürt die Not der Zeit
und dies Ungebill,
weil man solch' ein großes Leid
gar nicht sehen will.

O, die Welt ist rigoros
und so liebeleer,
ihre Seele, liebelos
ist ein totes Meer.

Hier lebt man im Überfluß;
dort stirbt man vor Not.
Gebt von unsrem Überschuß
jenen Ärmsten Brot!

Der klagende Friede

Einsam hockt am Wegesrande,
überall, in jedem Lande,
klagend, trauernd, zag und müde,
hoffnungslos der Weltenfriede.

Freudelos sind seine Tage,
denn das Zünglein an der Waage
neigt sich immer mehr zum Streiten
und zum Kriege vorbereiten.

Künstlich schürt man Neid und hassen
bei den Menschen aller Rassen
und des Terrors Teufelssaaten
äußern sich in Attentaten.

Mensch zu sein hat man vergessen
und die Menschheit lebt vermessen,
fördert Rohheit und Gewalt
und lebt liebelos und kalt.

Zynisch handeln, kalt vernichten,
statt zu lieben und verzichten,
überall fehlt gut und gern
nur die starke Hand des Herrn.

Nur die Ordnung kann erhalten,
nur die Ordnung kann gestalten!
Sollen denn Mephistos Horden
weiter hetzen, weiter morden?

Dem toten Krieger

Fern der Heimat, im fremden Lande,
da liegt ein Grab so schlicht und klein,
da ruht im blutgetränkten Sande
des Kriegers moderndes Gebein.

Er gab sich hin so wie Millionen
als schönstes Opfer für sein Land,
gab allen die im Reiche wohnen,
sein Leben hin als Rettungspfand.

Ihm Dank zu wissen sei uns Ehre,
davon zeugt mancher schlichte Stein
und manches Mahnmal, schicksalsschwer
sagt uns den Satz : Vergiß nicht mein!

So wollen wir in Treue halten
was still der Tote zu uns spricht,
ein stiller Gruß, ein Händefalten
ist doch wohl unsre kleinste Pflicht.

So steigt ein Gruß aus Eichenkronen,
hoch in des Äthers tiefes Blau
und bringt dem Grab in fernen Zonen
ein Denken aus der Heimatau.

Mein Vaterland 1945

Da liegst du nun, mein Vaterland,
zerschlagen und beraubt.
Dich hat des Schicksals starke Hand
entästet und entlaubt.

Die deutsche Eiche ist gefällt,
der Adler flügellahm.
Es fragt sich mancher in der Welt,
wieso das alles kam.

Die Welt, die deine Macht zerschlug,
sie ändert dein Gesicht,
jedoch des Schicksals heilger Fluch
verflucht dich selber nicht.

Was nützte Prahlerei und Tand
und aller Fahnen Zier,
so manches Herz, mein Vaterland,
steht auch in Not zu dir.

Es hat der Liebe schlichtes Band
mich stumm mir dir vereint,
so manches Herz, mein Vaterland,
hat still um dich geweint.

Rätselhafte Welt

Die Welt ist voll Rätsel
im Rausch der Politik.
Es leiten ein paar Herren
die Welt und ihr Geschick.

Und all die vielen Menschen
der Völker auf der Welt
betrügt man um die Rechte,
wenn's geht, auch um ihr Geld.

Die Welt ist voller Lügen
und voller Heuchelei.
Jeder spricht vom Frieden
und denkt an Meuchelei.

Strom des Blutes

Stetig pulsierend durchrollen die Adern,
Ströme des Blutes im ungleichen Takt.
Täglich gebärend, lauschend und hörend,
wandelt im Blute der Menschheit ihr Fluch.

Ströme des Blutes verebben im Sande,
mitten im Chaos der mordenden Schlacht.
Rufe in Schmerzen, klagende Herzen,
brechende Augen, sie klagen dich an.

Brennende Leiber verschmoren und dampfen.
Überall reitet der Tod durch das Land.
Warnendes Brausen, unheimlich Sausen,
Elend und Kummer, sie folgen dem Fluch.

Ströme des Blutes wie Wasser im Meere
tränken der Erde dürstenden Schacht.
Nützen dem Trägen klagen und wägen?
Er wird am Ende als Feigling gefällt.

Die ganze Welt ist eine Bühne

Die ganze Welt ist eine Bühne
von morgens früh bis abends spät,
sei es um Krieg, sei es um Sühne,
woher der Wind gerade weht.

Die ganze Welt ist eine Bühne,
seit ein paar tausend Jahren schon,
es überblickt da stets der Kühne
die ganze Situation.

Vom Mensch zu sein, ist nichts geblieben,
alles ist Theaterspiel,
der Christ soll seinen Nächsten lieben,
von diesem „Sollen" blieb nicht viel.

Intrigen sind an allen Tagen
das Werk der Zügellosigkeit
und nicht allein vom Hörensagen
macht dieses Laster sich so breit.

Die Wahrheit hockt am Weg mit Bangen
und kapselt voller Scham sich ein,
mit einer Träne auf den Wangen
lebt sie jetzt im Verlassensein.

Alarm

Nicht immer wird Alarm geschlagen,
der Körper hält schon den Kontakt,
ein kleiner Schmerz wird dir auch sagen,
da ist doch etwas nicht intakt.

Er wird dich vor ein Rätsel stellen,
er kam ja nicht von ungefähr,
denn der Alarm schlägt hohe Wellen
und klopft so warnend, dumpf und schwer.

Vielleicht kann er dich jetzt noch retten,
sei wachsam und stets auf der Hut,
ich möchte eins zu tausend wetten,
das war Alarm in deinem Blut.

Bemerkbar macht er sich oft weise,
er zupft und klopft und zuckt und mäht,
dann kommt der Abschied stumm und leise
und schon bist du vom Wind verweht.

Fatalismen

Studieren und kein Land in Sicht.
Die Welt hat sich gedreht,
die Zeit, der Traum, sogar die Pflicht,
wie das wohl weitergeht?

Studieren heißt das große Ziel,
die Technik hat gesiegt,
doch der Studenten sind zuviel,
es ist kein Land in Sicht.

Kein Land, kein Berg und auch kein Tal
fällt hier noch in's Gewicht,
die ganze Lage ist fatal,
es ist kein Land in Sicht.

Dem Schicksal ergeben

Keiner weiß um all' die Nöte
die du schweigsam in dir trägst,
keiner weiß um die Gebete,
die du Gott zu Füßen legst.

Keiner kann die Not dir lindern,
sie muß überstanden sein,
Schicksalsmacht darf dich nicht hindern
stets ein großer Mensch zu sein.

Keiner kann das auf sich nehmen,
was das Schicksal dir beschert.
Schweigen, dulden und bezähmen,
wenn die Not uns fürchten lehrt!

Deiner Seele gute Seiten
halte stets im Gleichgewicht
und aus den Unendlichkeiten
leuchtet dir ein neues Licht.

Ansichten

Auch wenn die Welt so viel verspricht,
sie kann nicht alles halten,
ganz oben an steht beim Verzicht
der weise Rat der Alten.

Die Welt wird nur regiert durch Macht,
durch menschliche Begierde,
gefangen ruht im dunklen Schacht
die edle Menschenwürde.

Wer nie im großen Lebensring
durch schroffe, dunkle Tiefe ging
und bahnte selbst den Weg zum Licht,
versteht den Kampf des Lebens nicht!

Erkenntnis

Die Welt wird nur regiert durch Macht,
durch menschliche Begierde,
so lebt der Mensch, so tobt die Schlacht,
es geht um Sein und Würde.

Jedoch der Seele Not und Qual
in unbekannter Größe,
gibt wohl in ihrem Heldentum,
sich nie die ganze Blöße.

Und wer sich gibt, so wie er ist,
so ehrlich, frei und offen,
darf nie auf menschliches Verstehn
und Offenheit der andern hoffen.

Wann liegt die Welt in Scherben

Die freie Welt braucht Sklaventum
der Markt muß doch florieren,
die freie Welt braucht Geld und Ruhm
zum Kauf und Honorieren.

Sag' mir wo ist die freie Welt
für jedermann auf Erden?
Wer heute etwas auf sich hält,
der will auch etwas werden.

Man muß nur kalt berechnend sein
und schwenkt den Hut zum Gruße
und schon verzückt ein Gläschen Wein
die Stunde einer Muße.

Die Welt will nur betrogen sein,
küßt nebenbei die Muse,
und ist doch nur noch Lug und Schein.
Wer denkt denn noch an Buße?

Die Ehrlichkeit ist dünn gesät,
verschlagen lebt die Masse.
Wenn man das Korn der andern mäht,
beweist das „Große Klasse".

Quo vadis, frage ich die Welt,
wer soll die Saat denn erben?
Bald ist der große Traum zerschellt,
bald liegt die Welt in Scherben.

Weltenmächte

Die Welt will aus den Angeln gehn
hat keiner je bedacht,
die Welt kann sich nicht mehr verstehn
die Herren gehn zur Jagd.

Der eine schießt den andern an,
die Flinte ist das Maul
und wer am besten schießen kann,
sitzt auf dem höchsten Gaul.

Und weil nun jeder Frieden will
für sich und seine Ehr,
da rüstet man und hält ganz still -
im Anschlag das Gewehr.

Die Panzer rollen durch das Land
und durch bestelltes Feld,
und keiner will doch Mord und Brand
in seiner eig'nen Welt.

Wer stoppt des Wahnsinns Zeitgeschehn
wo ist die Weltenmacht?
Die Erde wird bald untergehn
und nur der Teufel lacht.

Es wird so mancher neuer Tag,
dir so viel Freude bringen,
besiege nur das Ungemach,
versuchs, es wird gelingen!

Am Ende aller Wege

Endlichkeit

Bald geh' auch ich
und nichts wird von mir bleiben,
die weite Welt
wird weiter fortbesteh'n.
Was übrig bleibt
sind meine vielen Schreiben
als einer großen Seele
schönstes Lehn.

Am Ende aller Wege

Am Ende aller Wege,
die du gewandert bist,
wirst du ganz einsam stehen -
ob Heide oder Christ.

Am Ende aller Wege
steht schließlich nur ein Stein
und kündet ein paar Jahre
von deinem Erdensein.

Am Ende aller Wege
versiegt der Strom der Zeit
für dich, für mich, für alle -
in die Unendlichkeit.

Am Ende aller Wege
durch Sorge, Lust und Leid,
umfängt dich zeitenlose
und stille Ewigkeit.

Wo bist du, Ewiger

Ich suchte dich, Ewiger, einsam zur Nacht,
in seelischer Not und in herbstlicher Pracht,
ich suchte und fand dich in Tau und in Tag,
als über dem Lande ein Nebelbild lag.
Du zogest als König durch's grüßende Land,
ich sah dich am Wege im Bettlergewand.
Du gingst durch die Felder im leinenen Tuch,
ich sah dich als Bauer am blinkenden Pflug.
Du schwenktest die Sense durchs reifende Korn,
ich hörte dein Rufen im sprudelnden Born.
Du warst mir zur Seite in einsamer Nacht
und sprachest zu mir aus dem dunklen Schacht.
Du lebtest im Kindlein, bloß, frierend und nackt
und sprachst aus der Meere wildwogendem Takt.
Du lenktest die Sterne am ewigen Dom
und dein ist des Blutes urewiger Strom.
Ich sah deine Wunder in jedem Getier,
durch all deine Werke da sprachst du zu mir.
Du spieltest die Harfe im singenden Ried,
du schenktest der Seele ihr seliges Lied.
Das Weltall umpulst und umbrandet dein Sein,
o sag' mir, warum nur machst du dich klein.
Die Seele empfindet's, sie tastet und schreibt,
weil sie doch die Krone der Schöpfungen bleibt.

Vergangen

Hinter dem dunklen Spiegel
steht eine kalte Wand,
verborgen auch ein Flügel,
gespielt von zarter Hand.

Es ist das Wundersame,
ein Lied aus alter Zeit,
das Lied ist ohne Namen
und klingt so fern und weit.

Wir haben es gesungen,
als ich ein Knabe war
und voll Erinnerungen
geht es durch manches Jahr.

Wo ist die Zeit geblieben
und uns're Kinderschar,
wo sind sie all' die Lieben
und das, was unser war.

Die Lieder sind vergangen
dereins im Abendrot,
die Kinder, die einst sangen,
sie sind schon lange tot.

Ich danke „Dir“ Herr!

Ich bin nur ein Mensch gewesen,
lebte meiner Menschenpflicht
und ich glaubte deinem Worte,
mehr zu glauben lag mir nicht.

War doch nur dein Abgesandter
mit dem großen Traumgemüt,
und ich sang auf stille Weise
dir ein liebes Dankeslied.

Frömmeln lag mir nicht im Blute,
ich gab mich, so wie ich war,
und das Edle und das Gute
schrieb ich nieder Jahr für Jahr.

Jetzt, an meinen späten Tagen,
schau ich auf mein Werk zurück,
um dir gütig Dank zu sagen
für ein bißchen Erdenglück.

Um dir „Dankeschön“ zu sagen,
liebevoll und treu und wahr,
wenn ich auch an manchen Tagen
geradewegs kein Engel war.

Geht es bald mit mir zu Ende,
führt der Weg zur letzten Schicht,
falte du mir meine Hände,
führe du mich in das Licht.

An späten Tagen

Ich knüpfte manche zarte Bande,
doch vieles ging so schnell zu Bruch,
mir stand kein Glück am Wegesrande,
wenn meine große Stunde schlug.

Hart hat das Schicksal zugeschlagen,
als ich vermeintlich glücklich war,
dann hab' ich still das Kreuz getragen
durch Tau und Tag und manches Jahr.

Nun, da des Lebens Abendröte
mir weiter neue Tage schenkt,
weiß ich im stillen Dankgebete,
Gott hat doch alles wohl gelenkt.

Er ebnete mir meine Pfade
als Prüfling hier und Erdengast
und schenkte Kraft mir und auch Gnade,
bei täglich stiller Morgenrast.

Er legte still in meine Seele
der Lyrik großen Edelstein
und dann ein Lied in meine Kehle
und den Triumph vom Glücklichsein.

Und jetzt an meinen späten Tagen,
sag' ich besinnlich „Dankeschön",
die Zeit war reich an Not und Wagen,
jetzt kann ich ruhig schlafen geh'n.

Stille Liebe

Mit heißen, bitt'ren Tränen
hab' ich dich einst geliebt,
verschwiegen in der Stille
war ich oft tief betrübt.

Betrübt war ich am Tage,
weil ich dich selten sah
und über allen Wegen
war ich dir immer nah.

Und tief in meiner Seele
war stets für dich ein Hort,
war immer eine Bleibe
und stets ein gutes Wort.

Still habe ich geschwiegen,
die Sehnsucht war zu groß,
ich legte all' mein Lieben
in deinen weichen Schoß.

Schnell ist die Zeit vergangen,
mit Arbeit, Sorge, Müh',
dann schwand auch das Verlangen
mit aller Ironie.

In meinen späten Tagen
dich nochmals zu erfreu'n,
das wollte ich dir sagen
im letzten Glücklichsein.

Wie damals

Wie damals möcht' ich mit dir schreiten
durch Wald und Felder, Hand in Hand
mit einem Herz voll Seligkeiten,
mit einem Strauß vom Wiesenrand.

Und wieder möcht' ich dir erzählen
vom großen Wunder der Natur,
es dürfte auch der Mond nicht fehlen
als stiller Postillon d'amour.

Wie damals möchte ich mich schmiegen
in deinen Arm am Wiesenrain
und selig, traut und so verschwiegen
nochmal wie damals glücklich sein.

Dann wollt' ich allen Wohlstand missen
und alle Ehre, alle Pracht,
um einmal zärtlich dich zu küssen,
wie einst in lauer Sommernacht.

Sterbender Tag

Müde geht der Tag zur Neige,
schlummert ein zu süßer Ruh,
Vöglein hocken im Gezweige,
schließen ihre Äuglein zu.

Grabesstille schließt die Weite
stumm in ihre Arme ein,
an des Himmels Dämmerseite
liegt ein letzter Tagesschein.

Aus dem Hochwald klingen Schreie
von dem Käuzchen, das erwacht,
und des Tages Abschiedsweise
wandelt traumhaft in der Nacht.

Nebelschleier überbrücken
jetzt die Täler und die Höhen,
und mit müden Abschiedsblicken
will der Tag jetzt schlafen gehen.

Wenn die Stunde schlägt

Wenn die Stunde schlägt,
frage nicht, warum,
was dich dann bewegt,
trägst du still und stumm.

Wenn die Stunde schlägt,
irgendwo und wann,
zieht sie unentwegt,
dich in ihren Bann.

Wenn die Stunde schlägt,
halte dich bereit,
denn das Ende trägt
eine Ewigkeit!

Zeitenlauf

Und die Zeit geht immer mit,
früh und spät, an allen Tagen,
jedes Tun und jeder Schritt
sind ein großes Wagen.

Alles Tun und jeder Schritt
sind dir vorgeschrieben,
so begleitet jeder Tritt
auch dein großes Lieben.

Stolpere bei keinem Schritt
über Kleinigkeiten,
zügellos in ihrem Ritt
sind die Streitigkeiten.

Denn auf deinem letzten Weg
durch den grünen Hagen,
wird dein Herz am letzten Steg
nicht mehr weiter schlagen.

Und dann hast du soviel Zeit
wie die Allnaturen,
in der weiten Ewigkeit
gibt es keine Uhren.

Die schwarze Seele

Kreist eine schwarze Seele
im hohen Sphärenreich,
sie kann nicht heimwärts finden
zu Gottes Himmelreich.

Sie irrt in ihren Nöten
durch manches dunkle Tal,
hier kann sie nicht mehr beten
wie anno dazumal.

Hier hilft auch keine Klage,
die Erdenzeit ist um,
sie rauscht wie eine Sage,
durch ihr Martyrium.

Es nützt ihr dort kein Flehen,
kein Bitten, kein Verspruch,
vorbei im Zeitgeschehen
ist auch der Selbstbetrug.

Das ist die große Wende
auf einem ander'n Stern
und das ist nun das Ende,
es ist der Tag des Herrn.

Dort oben ist Stille

Wenn das Leben in lichte Geheimnisse endet,
im schütteren Haar, mit brechendem Blick,
dann hat sich das Schicksal auf einmal gewendet,
und plötzlich vorbei ist irdisches Glück.

Es treten die Schatten aus Winkeln und Ecken,
da ist auch kein Dichter mit fließendem Reim,
da gibt es kein Wunder und auch kein Verstecken,
die Überirdischen holen dich heim.

Dort gibt es kein Hasten und auch kein Beeilen,
dort hält man für immer dich fest an der Hand,
kein Laut, keine Lieder, nur stummes Verweilen,
dort oben ist Stille und schweigendes Land

Abschied

Man soll nicht an den Abschied denken,
er kommt ja doch zu seiner Zeit,
es kann uns niemand Jahre schenken,
denn drüben steht die Ewigkeit.

Man soll nicht an den Abschied denken,
an den Besuch von Meister Hein
und diese Welt mit ihren Ränken
kann morgen schon zu Ende sein.

Man soll nicht an den Abschied denken,
die Welt wird weiter fortbesteh'n,
bewahret mir ein still' Gedenken,
dann kann ich friedvoll schlafen geh'n.

Jetzt kommt mir leise das Erkennen,
denn meine Tage sind gezählt
und meine Augenlider brennen
weil ihnen Kraft und Wollen fehlt.

Jetzt zieht ein stilles, leises Mahnen,
mich stumm in die Vergänglichkeit
und hin zum Reiche meiner Ahnen,
so Gott es will, ich bin bereit.

Mein letzter Gruß wird bei euch bleiben,
doch meine Hülle wird vergeh'n,
zu Ende ist es mit dem Schreiben,
still sage ich „Auf Wiederseh'n!"

Obwohl die Welt so viel verspricht,
sie kann nicht alles halten,
ganz oben an steht beim Verzicht
der weise Rat der Alten.

Fritz Kukuk, sein Vermächtnis

"Freund der Muse, der du gelesen, was meine Seele in stillen, einsamen Stunden gebar, gönne dir eine Weile der Besinnung.

Schließe in die Tiefen deines Herzens ein kleines Gedicht, das dir besonders gefallen hat und zehre davon im harten Ringen des Alltags, gleich welchen Stand du bekleidest.

Laß niemals im Kampf des Lebens durch die Jagd nach dem Geld deine Ideale töten.

Wir alle müssen im Leben durch Niederungen gehn, aber wir wollen auch die Höhen besinnlich durchwandern, um Mensch unter Menschen zu bleiben.

Wer gelernt hat, die Verse eines Gedichtes aufzunehmen, ein großes Bild innig zu betrachten, die Schönheit einer Sonate oder einer schlichten Melodie zu erkennen, der ist gefeit gegen all die Talmikunst und Rastlosigkeit dieser Welt.

Wenn nun die Seele des Menschen offenbar das Bedürfnis hat, in ihren tiefen Schichten genauso genährt zu werden, wie unser immer wacher Kopf, so soll der Inhalt meiner Gedichte, Vertellkes und Aphorismen dazu ein kleiner Beitrag sein!"

Freunden, Verehrern des Autors und Sponsoren dieser Jubiläumsausgabe widmen wir ein herzliches Dankeschön..

Daß diese Jubiläumsausgabe mit ausgewählter Poesie aus dem geistigen Vermächtnis des Autors aus mehr als dreitausend Gedichten, Aphorismen und Erzählungen in dieser Form dargeboten werden kann, ist nicht zuletzt
einem Verehrer des Heimatdichters zu verdanken;
Alfred Aneder.
Gemeinsam mit seiner Ehefrau Gisela hat der Mannheimer jahrelang, sehr ambitioniert, viele Dokumente zum Leben und Werk seines Freundes zusammengetragen und auf diese Weise Grundlagen für weitere Veröffentlichungen geschaffen.

Respektvolle Anerkennung und tief empfundener Dank der
Peter Hille Gesellschaft.
Es sind die Akteure dieser Organisation
die beständig erinnernd, das Schaffen des Lyrikers würdigen und seine Verse immer wieder beleben.
Nicht von ungefähr hat Ihr Vorsitzender
Helmut Birkelbach
dem Heimatdichter aus Himmighausen
in einer treffenden Laudatio
einen gebührenden Platz neben vielen anderen bekannten dichtenden Persönlichkeiten- zugeordnet.

*****

Gern hätte die Redaktion das gesamte Werk eingespiegelt. Doch konnten wir - um Nachsicht wird gebeten - nicht jeden Text plazieren. Das sollte jedoch den geneigten Leser nicht daran hindern die getroffene Auswahl, als Quell besinnlicher Entspannung reichlich zu genießen.

die Redaktion